첫사랑과 너무나 닮은 골프

고영분의 골프일기

고영분의 골프 일기

초판 1쇄 발행 / 2001년 4월 14일
2쇄 발행 / 2002년 5월 14일

지은이 / 고영분

펴낸이 / 이웅녕
펴낸곳 / 한국능률협회(주)
1978년 5월 15일 등록(제13-19호)

서울 마포구 도화동 544 고려빌딩 3층
홈페이지 / www.kmabook.com
이메일 / mail@kmabook.com
전화 / (02)719-1424
팩시밀리 / (02)715-7807

값 8,000원

ISBN 89-7277-200-3 03040

첫사랑과 너무나 닮은 골프

고영분의 골프일기

고영분 지음

한국능률협회

책을 열면서

"고영분 씨,
골프 칼럼 한번 써 보시."

3년 전 어느 날, 한국경제신문으로부터 제안을 받았습니다. 골프 프로그램 방송 작가를 하면서 어쩔 수 없이 시작하긴 했지만, 햇병아리인 제가 어떻게 골프 칼럼을 쓰겠느냐고 겁부터 먹었습니다.

'딱 10회까지만 쓰자.' 라는 생각으로 펜을 들었는데, 골프는 참 이상하더군요. 도무지 깊이를 알 수 없는 우물 같았습니다. 퍼내도, 퍼내도 샘솟는 우물처럼 알면 알수록 더 많은 것이 들여다보이기 시작했습니다. 지금까지 퍼낸 것이 한 바가지라면, 아직 아흔아홉 바가지의 이야기도 더 퍼낼 수 있을 것 같습니다.

'10회까지만 써도 다행' 이라던 이야기가 어느새 2년을 넘도록 '한국경제신문' 에 '우리들의 골프일기' 로 연재되고 있습니다. 글을 쓰며 마음 졸임도 많았습니다. 아직도 이 땅 어느 곳에서는 골프장 건립 반대 서명을 받고 있고, 텔레비전에서는 골퍼들을 꼬집는 방송이 계속되고 있기 때문입니다. 대중 스포츠가 되기에는 요원한 운동인 데다가 젊은 여자가 골프에 대한 글을 쓴다는 것이 얄미워 보일 수도 있으니, 배번 글을 쓸 때마다 살얼음판을 걷는 느낌이었습니다. 독자분들로부터 '속 시원하다' 는 격려 메일도 받았지만, '골프장이 환경을 파괴한다는데 웬 옹호냐' 는 항의 메일도 받았습니다. 이런 양반된 의견은 대한민국 골프가 풀어 가야 할 숙제라고 생각합니다. 제 졸필이 그런 극단의 시각 차를 줄이는 데 작은 목소리라도 되었으면 좋겠다는 생각과, 또 모든 주변적, 환경적 문제를 떠나 단지 골프와 인간만을 소재로 글을 쓰기 위해 노력했습니다.

골프를 시작한 지 몇 년. 골프를 종합해 보면 '참 괜찮은 녀석이다' 라는 생각입니다. 저를 무척 겸손하게 만들어 주었고, 인생의 깊이와 반전도 알려주었고, 골프장에서 변하는 동반자들을 보며 사람 보는 눈도 만들 수 있었습니다.

이 책에서는 골프에 대한 상식이나 레슨 등을 얻으실 수는 없습니다. 하지만 제가 그랬던 것처럼 골프의 깊은 속을 들여다보고 싶은 분께서 함께 공감하셨으면 하는 바람입니다. 그리고 이 책은 외래어 표기법을 원칙으로 하되 일반적인 골프용어의 표현을 따랐습니다(예를 들어 '티 숏'을 '티 샷'으로 표기).

한 분 한 분 모두 거론하기에는 너무도 많은 분들께서 제 골프에 도움을 주셨습니다. 그 모든 분들께 감사드립니다. 대표로, 골프장 가는 딸을 위해 새벽밥을 지어 주신 부모님께 감사드립니다.

고영분

추천사

우리 나라에 골프 잘 치는 사람은 무척 많다. 그러나 골프에 관한 글을 쓸 줄 아는 사람은 별로 없다. 있기는 있지만 재미가 없다. 그나마 대부분은 이리 짜깁기, 저리 짜깁기 해서 돌고 도는 글이다. 그래서 신문사에선 고민을 한다. 골프 칼럼 수요는 많은데 쓸 사람이 늘 마땅치 않기 때문이다.

내가 한국경제신문에서 골프 전문 기자를 하던 지난 1999년에도 마찬가지였다. 새롭게, 신선하게, 흥미롭게, 독자 입장에서 글을 쓸 사람은 과연 없는가 하는 것이 고민이었다. 그러다가 무릎을 탁 쳤다. 멀리서 찾을 필요 있겠나 싶었다. 글 잘 쓰고, 골프 알고, 골프 좋아하고, 거기다 젊고 미인이고……. 고영분 씨만한 적임자가 없을 것 같았다. 서른 살이 안 된 젊은 여자의 골프 칼럼은 그렇게 시작되었다.

사실 상식적으로는 도박일지도 몰랐다. TV 골프 프로그램의 방송작가 생활을 3년쯤 하기는 했지만, 그 나이에 자신의 이름을 붙인 칼럼을 쓰는 건 너무 큰 부담이 아닌가. 도박은 대박 아니면 박살이다. 그러나 고영분 씨 칼럼은 시작과 함께 '대박'이 터졌다. 그녀가 등장하기 전까지의 대다수 골프 칼럼에는 "골프는 이래야 한다."는 어줍잖은 설교나 잘난 척이 있었다. 그렇지 않으면 판에 박힌 레슨, 그것도 읽어 보면 무슨 소린지 통 이해가 안 되는 글이 태반이었다.

그런데 고영분 씨는 누구도 상상치 못했던, 누구도 시도하지 않았던 시각에서 골프를 요리하기 시작했다. 그녀는 글을 만들지 않았다. 그저 생각대로의 골프를 솔직히 묘사했다. 좋은 건 좋은 거고, 나쁜 건 나쁜 거다라는 식으로. 복잡할 것 없고, 잘난 척할 것도 없으며, 뭔가 아는 척할 필요도 없다는 배짱이었다. 선입관에 물들어 있던 기존의 오빠, 언니, 아저씨, 아줌마 골퍼들은 그녀의 글을 보고 신선한 충격을 받기 시작했다. 미처 생각지 못했던 다른 문화의 골프가 그녀의 글에서 전개되었고, 당연히다 여기던 갖가지 관행들에는 "왜 그래야 하지?"라는 의문부호가 따라붙었다. 자연적으로 그녀의 글에는 폭넓은 공감대가 형성되었다. 그리고 그 공감대는 이제 그녀만의 독자군을 형성하여 골프계의 '밝은달 신드롬'을 만들어 냈다('밝은달'은 www.golfsky.com에서 그녀의 대화명이다).

이 책에는 그녀만의 시각으로 당신의 가슴을 따뜻한 온기로 채워 주고 당신의 골프까지 따뜻하게 만들어 줄 메시지가 있다. 우리나라에서, 어쩌면 세상에서 가장 따뜻한 마음으로 쓴 골프 책. 가장 젊고 싱싱한 시각으로 쓴 골프 책. 가장 아름다운 여성이 쓴 골프 책. 이런 책, 이런 인물을 동시대 하늘 아래에서 만날 수 있다는 건 당신의 행운이 아니겠는가!

김흥구

차례

첫번째 글

가슴속에 박힌 하얀 신발, 연분홍 우드

두번째 글

● 들어갈수록 갑갑해지는 골프의 속

세번째 글

골프는 영원히 어려워질 수밖에 없다(?)

네번째 글

당신을 알고 나서 비로소 여인이 되었어요

첫번째 글

가슴속에 박힌 하얀 신발, 연분홍 우드

골프를 시작해야겠다고 마음먹었다. 가장 먼저 채를 장만해야 했다. 그러나 골프채를 사기에 작가료는 너무나 적었다. 작가료 수개월분을 모아야만 살 수 있는 액수였다. 일단 채는 나중으로 미뤘다. 우선 내 능력에서 쉽게 구입할 수 있는 것들부터 사기 시작했다. 가장 만만하게 보인 것이 골프화였다. K제화로 가서 6만 원짜리 골프화를 샀다(골프화 전문 브랜드가 있는 줄도 몰라 구둣가게에서 골프화를 산 것이다). 눈부시도록 하얀 가죽에 바닥에는 쇠 징이 박힌 신발. 신발을 사 놓고 가슴이 설레었다.

며칠 후 장만한 것은 골프 장갑이었다. 새빨간 장갑 한 켤레. 장갑을 골프화 옆에 나란히 두었다. 강렬한 색깔의 조화가 눈을 아리게 할 정도였다. 밤에 집에 들어가면 신발과 장갑을 꺼내어 신어 보았다. 그것만으로도 '골퍼'가 된 것 같았다.

이제 채를 장만하는 일만이 남았다. 하지만 채는 여전히 버거웠다. 그러다가 쓰던 골프채(아이언 세트)를 받을 수 있게 되었다. 골프 가방까지 함께 받

첫번째 글

았다. 그 골프채를 받아 아파트 엘리베이터를 타면서 얼마나 우쭐해졌는지 모른다. 아파트 경비 아저씨도, 엘리베이터의 사람들도 모두 나를 부러운 눈으로 쳐다보는 것 같았다.

하지만 채는 아이언 세트 외에 우드도 있어야 했다. 이건 누가 공짜로 준다는 사람이 없었다. 내가 구입해야 했다. 골프 박람회에서 새 채지만 유행 지난 모델이라 저렴한 가격에 살 수 있었다. 브리지스톤 조 우드 1, 3, 5번. 다른 사람이 쓰던 것이 아닌 '새것'이라는 사실만으로도 나를 흥분시켰다.

하지만 그렇게 가슴 설레며 장만한 물건들은 오래 내 곁에 머무르질 못했다. 눈처럼 하얀 쇠 징 골프화는 골프장에서 고무 징을 의무화하는 바람에 신을 수 없었고, 새빨간 장갑은 멀리서 보면 마치 고무장갑을 끼고 있는 듯해 생각만큼 많이 끼지 못하였다. 또, 그 예쁜 연분홍색 조 우드는 얼마 후에 최신 모델의 우드를 선물받는 바람에 얼마 쓰질 못했다.

지금 다시 골프용품을 장만하라고 한다면 보다 세련되게 장만할 수 있을 것 같다. 비록 오래 내 곁에 머무르지는 않았지만 아무것도 모르는 상태에서 장만한 그것들이 오래도록 기억되는 것은 왜일까? 새색시는 시집갈 때 해 간 이불과 바늘 쌈지 등을 할머니가 될 때까지 가슴속에 품어 둔다고 하지 않던가. 수년이 지난 지금도 눈을 감으면 연분홍색 우드의 반짝임과 하얀 신발이 떠오른다. 하나하나 장만하면서 얼마나 가슴 설레었던지……. 결혼을 준비하는 새색시, 새신랑의 마음이 그와 같을까? '새로운 세계와의 만남'이라는 의미에서 골프는 어쩌면 '결혼'과 비슷하다. 그래서 첫 필드행을 두고 '머리 올리기'라고 말하나 보다.

골프의 지독한 배신

날이 잡혔다. 첫 필드행. 일명 머리 올리는 날이다. 누구는 날짜 잡은 후 너무 맹연습을 한 탓에 늑골에 금이 갔다나. 나도 그게 남의 얘기가 아니라고 할 정도로 칼을 갈았다.

연습장에서의 마지막 스윙 다듬기는 완벽했었다. 아이언 샷은 며칠 전보다 10야드씩은 더 나갔고, 피칭 웨지도 볼이 착착 붙으며 거리가 맞아떨어졌다.

"피칭 웨지만 잘 치면 스코어는 OK."

그런 소릴 너무도 많이 들었기 때문에 '영특한' 나는 피칭 웨지를 주무기로 삼았다. 내 머릿속은 우아한 내 모습으로 가득 찼다. 6개월 간의 맹훈련. 그 결실은 화려할 수밖에 없었다.

드디어 1번 홀 티 박스.

"머리 들지 말고, 백 스윙 끝까지, 피니시도 해주고…."

난 반년 동안 귀에 못이 박이도록 들었던 말들을 되새기며 드라이버를 휘둘렀다. 그런데 사방이 고요했다. 볼 맞는 소리도 없었고 동반자들도 침묵. 필드에서의 내 생애 첫 샷은 역시

나 헛스윙이었다. 그날 골프는 '지독한 배신' 으로 점철됐다.

골프는 결코 걷는 운동이 아니었다. 치고 달리고, 치고 달리고. 느긋하게 필드를 걷는 상상은 아예 접었다. 자연을 즐기라고? 맙소사. 무슨 꽃이 피었는지, 어떤 새가 날고 있는지. 눈에 보이는 건 산 위로 올라가 박혀 있는 볼뿐이었다. 가장 지독한 배신은 연습장 매트의 그 평평함은 눈 씻고 찾아봐도 없다는 사실이었다.

왜 레슨 프로는 필드에선 평지보다 경사지가 훨씬 많다는 점을 얘기해 주지 않았을까. 산비탈에서의 샷은 치기만 하면 뒤땅, 토핑, 헛스윙이었다. 내 첫 골프는 연습장에서의 모든 상상이 묵사발이 되며 끝났다. 볼이 한 번이라도 붕 뜨면 기적과 같이 생각될 정도니 그만한 배신이 있겠는가.

라운드 후 동반자가 말했다.

"괜찮아요. 볼을 맞힌 경우가 못 맞힌 경우보다 많으니 잘 친 거지. 배신은 당했지만 재미는 있었을 걸."

골프의 배신은 그 후에도 계속됐다. 아마 영원히 계속될 것 같다. 그래도 내 머릿속은 99% 골프로 가득 차 있으니 어떡한단 말인가.

'미운' 운동에서 '연인'으로

극과 극은 '순간'에 통한다. 2년 전 여름, 난 "골프는 비난받아 마땅한 운동"이라고 단언했었다. 촬영 장소가 꼭 골프장이어야 했던 그 여름. 시사고발 프로그램이 아니면 방송국 카메라는 어디서나 쌍수를 들어 환영해야 했는데….

그 골프장이라는 동네는 달라도 너무 달랐다. 이유 불문하고 촬영 불가. 처음부터 끝까지 '노'였다. 수십 통의 전화 끝에 겨우겨우 S골프장의 촬영 허가를 얻었다. TV 화면으로만 보다가 난생 처음 본 골프장. 난 그 경관에 입이 딱 벌어졌고, 그 푸르름에 질식할 듯했다.

"오호! 이 좋은 데를 자기네끼리만 누리려고 그렇게 촬영 불가를 외쳤군. 잔디 백 평 보기도 힘든데 순 잔디로만 몇만 평. 게다가 저 넓은 잔디밭에 너댓 명만이 걸어가는군. 저건 또 뭐야. 누군 골프 치는데 누군 백 메고 따라가고."

난 골프와 영원히 친해질 것 같지 않았다. 골프는 역시 불평등한 운동이었다. 그러나 그 같은 미운털에도 불구, 얼마 후엔 내가 골프를 시작할 수밖에 없었다. 골프 프로그램을 맡고 있었던지라 실제 골프를 쳐야 대본을 제대로 쓸 수 있겠다는 생각이 든 것. 난 중고채를 얻어 머뭇머뭇 연습장에 등록했다.

6개월 후 난 골퍼로서 골프장을 찾았고, 그리고 즉시 변절했다.

"골프장이 아니면 이곳은 그냥 야산에 불과할 거야. 야산에서 무슨 생산성이 있겠나. 땅 좁고 인구 많은 우리 나라에선 뭐든지 활용해야지."

이런 얘기에도 난 공감했고 그렇게 안쓰럽게만 생각되던 캐디들도 골퍼들을 도와주는 전문 지업 중 하나라는 인식이 생겼다. 직접 겪어 본 필드는 불평등의 세계라기보다 지친 우리를 변화시켜 주는 '또 하나의 자연' 일 뿐이었다.

골퍼들은 다 나 같은 과정을 거쳤을 것이다. '지독히 미운 운동' 에서 '없으면 안 될 연인' 으로의 급반전. 꺼려야 하는 대상에서 벗어나려면 역시 직접 뛰어드는 수밖에 없는 것일까.

남의 불행에서 시작된 나의 행복

그녀가 없었다면 나는 골프와 영원히 결별했을지도 모른다. 내가 그녀를 만난 것은 첫 필드 경험을 한 후 얼마 지나지 않아서였다.

"아, 조금만 방향을 맞춰 스탠스를 취할 걸…."

"아, 터무니없이 그 채만 쓰지 않았어도…."

당시 나는 이런 아쉬움까지 체크하며 욕심을 내기 시작했었다. 다음 라운드에선 매번 20, 30타는 만회할 것으로 생각됐던 것.

그러나 웬걸. 어설픈 욕심에 힘이 들어간 스윙은 언제나 가관이었다. 볼은 끊임없이 바닥을 훑으며 굴렀고, 캐디는 다시 기록하기를 포기했다. 당연히 나의 수치심과 동반자에 대한 미안함은 하늘을 찌를 듯했다. 나의 늦은 플레이로 인해 뒷팀은 밀려오고….

"아, 이런 민폐를 끼칠 바에야 다시는 필드에 나오지 말아야지."

그러나 분통과 의기소침으로 다시는 필드를 찾지 않겠다고 다짐하던 차에 라운드 약속은 다시 생기고 말았다. 끌려가듯 참가한 그날, 그녀가 나타났다. 2년 전에 골프를 몇 번 쳐 본 후 안 해 본 그녀라지만 '나보다야 못하겠어?' 라는 생각은 당연지사. '아, 오늘도 이 낯선 동반자 앞에서 또 창피를 당하겠구나.' 라는 괴로운 마음뿐이었다.

그런데 웬일인가. 실제 플레이에 들어가자 나보다 가관인 사람이 또 있었던 것이다. 2년 간의 공백이 너무 컸던지 그녀의 샷은 내 샷에 비할 바가 아닐 정도로 땅으로 곤두박질하였고 좌우로 흩어졌다.

"남의 불행은 나의 행복이라 했던가…."

무너지는 그녀의 샷 앞에서 내 샷이 갑자기 빛나기 시작했다. '치고 달리기' 에 정신없던 나인데 한술 더 뜨는 그녀가 막아 주고 있으니 나는 연습 스윙까지 할 여유가 생긴 것. 자신감을 되찾자 볼은 붕붕 뜨기 시작했다.

그날 나는 결별할 뻔했던 골프와 다시 화해했다. 누가 골프를 혼자만의 게임이라 했던가. 골프만큼 상대적인 운동도 없음을 난 실감했다.

내가 그녀로 인해 자신감을 얻었듯, 그녀는 오늘 더 심한 초보자를 만나 자신감을 얻고 있을지 모른다.

이기려 말고 끝없이 사랑하자

왕자병에 걸린 애인. 그의 이름은 G다. 첫인상은 정갈했다. 무척 신사적이었으며 수준도 높아 보였다. "내 말을 너무 잘 듣는군."이라는 생각이 들 정도로 처음에는 소년처럼 모든 게 순순했다.

그러나 만나는 횟수가 늘고 내가 자기한테 빠졌다는 것을 알자 G는 서서히 변해 갔다. 내가 하자는 대로 다 할 것 같았던 G는 날이 갈수록 도도해졌다. 공들인 만큼 돌아오는 게 없었고, 툭하면 튕겼다.

그럼에도 G에게는 묘한 영특함이 있었다. 떠나겠다고 맘먹으면 그걸 귀신같이 알아채고 그때부터 내가 원하는 대로 해주는 것이다.

눈치챘겠지만 G는 골프(Golf)다. 죽을 쑤면서 '너와 다시 노나 봐라' 하면 마지막 몇 홀에서 볼이 솔솔 나간다. 선배들 말로는 '다음에 또 나오라고 살살 꼬드기는 거' 라고 했다.

어느 날인가 난 G에게 죽자사자 매달리기로 결심했다. 오늘은 꼭 스윙의 뭔가를 깨닫겠다며 이른 아침부터 연습장엘 갔다. 난 몇 시간이나 윽박지르듯 G와 싸웠다. 그러나 내가 성질을 내면 낼수록 그는 징그럽게 말을 듣지 않았다. 포기도 못 하는 고민.

"얘는 정말 너무하는구나."

바로 그때 누군가 명쾌한 충고를 했다.

"요즘 골프랑 사귀냐? 그렇게 밀고 당기고 하게. 그 앤 속이 좁아서 너무 잘 토라진다. 같이 싸우면 네가 지게 돼. 방법은 하나. 그래도 진심으로 사랑해 주는 것뿐이야. '알겠다. 내가 질게. 네가 아무리 그래도 난 널 무한정 사랑한다.' 그런 식으로 한술 더 뜨면 지가 어떻게 할 건가. 맞아도 좋고 안 맞아도 좋다는데."

그렇다. 거기에 정답이 있었다. 무한정 사랑을 주는 거다. 안 맞아도 좋다는데 도대체 어쩔 텐가. 언젠가는 고개 숙이고 내게 항복할 날이 있겠지. 또, 항복 안 한들 어떠리. 그와 밀고 당기면서 평생 스릴 있게 살 수 있을텐데.

골프엔 편법이 통하지 않는다

"제발 한 번만 똑바로 가 줘라! 시간 없단 말야."

필드행이 채 두 시간도 남지 않았는데 드라이버 샷은 예외 없이 연습장 오른쪽 망만을 향해 날았다. 방향이 45도 오른쪽이면 그날 라운드는 보나마나. 난 어떻게든 이걸 고쳐야 떠날 수 있을 것 같아 씩씩거리고 있었다. 그런 내가 안됐는지 지나가던 레슨 프로가 귀띔했다.

"너무 오른쪽으로만 가네. 시간이 없으니 오늘 라운드에선 무조건 왼쪽을 향해 서서 치세요. 그 수밖에 없는 것 같네요."

볼이 오른쪽으로 가니 아주 왼쪽을 보고 쳐라. 너무나도 그럴싸한 해결책에 난 귀가 솔깃했다.

그 '기막힌 임시방편'을 안고 선 1번 홀 티잉 그라운드. 오른쪽으로 휘어질 만큼을 계산해 왼쪽으로 잔뜩 돌아섰다. 그리고 회심의 티 샷을 날렸다. 그러나 웬걸. 중앙을 향해야 할 볼은 더 급하게 오른쪽으로 가더니 언덕배기에 꽉 박혀 버리는 게 아닌가. 2번 홀도 마찬가지. 아, 그 황당함이여.

몇 홀이 지난 후 그늘집에서 선배가 말했다.

"골프에 편법은 안 통해요. 비록 잠시 원하는 방향을 얻었어도 그런 편법 때문에 평생 스윙이 망가질 수 있어요. 골프는 되든 안 되든 정석대로 쳐야지요."

선배는 정석대로 스퀘어 셋업을 권했다. 그런데 너무 신기했다. 연습장에서 오른쪽으로 가던 볼은 똑같은 스윙 같은데도 이번엔 정중앙을 향해 나는 것 아닌가. 그 원인과 이유를 정확히 설명하기는 힘들다. 다만 연습장에선 절박한 마음에 줄곧 당겨 쳤지만 '정석대로'를 결심한 후엔 그래도 배운 대로의 스윙이 나온 것으로 생각된다.

난 그날 많은 것을 깨달았다. 아무리 촉박해도 '어설픈 잔머리'가 근본적 해결책이 될 수 없다는 것을. 그리고 골프의 정답은 언제나 정석대로의 기본에서 가장 빠르고 정확하게 찾을 수 있다는 것을. 그날 순간의 성공을 위해 계속 편법과 결탁했다면 난 10년 뒤에도 여전히 왼쪽만을 보고 치는 '괴상한 골퍼'가 됐을 게 틀림없다.

때론 화려한 착각도 필요하다

내겐 너무 황홀한 샷. 100야드 밖에서 친 볼이 깃대 1.5m에 붙었다. 평소 실력으로는 좀처럼 연출되기 힘든 파 찬스. 긴장하지 않을 수 없었다. 이게 얼마 만이냐. 꼭 넣고 말리라. 난 잔뜩 재며 퍼터를 움직였는데….

그러나 내리막을 탄 볼은 홀을 비껴 저 멀리 굴러 내려간다. 팽팽하던 고무줄은 순식간에 끊어졌다. 기대의 무산. 그러자 "에라, 모르겠다."가 연발됐다.

"투 퍼팅. 안 들어갔네. 한 번 더 치지, 뭐. 스리 퍼팅. 까짓 껏, 한 번 더."

그렇게 금쪽 같은 파 찬스를 단숨에 '양 파'로 만들어 버리고 난 며칠 동안이나 그 장면만 떠오르며 잠들 수 없었다. 왜 그렇게 풀어질 수밖에 없었나. 최선을 다해야 하는 건 알지만 골프에서 '최선' 만큼 막연한 게 어디 있는가. 어떻게 하는 것이 최선이고 어떻게 하는 게 최선을 다하지 않는 건가.

그때 골프책에서 눈이 번쩍 뜨이는 내용을 읽게 됐다.

"자기 자신을 좋아하는 프로로 만들어라."

바로 그거다. 난 애니카 소렌스탐이다. 찰랑이는 머리, 상쾌한 미소, 사랑스러운 외모와 함께하는 신중한 플레이. 올 시즌 방방 뜨고 있는 건 케리 웹이지만 내 맘속의 세계 최고는 언제나 소렌스탐. 소렌스탐이라면 그 상황에서 그렇게 펑펑 쳐대진 않았을 것이다.

"기막힌 어프로치 후 첫 퍼팅. 살짝 비껴갔지만 OK. 긴장을 늦추지 않고 마음을 다잡는다. 그리고 뗑그렁! 볼을 꺼내 들며 동반자를 향해 생긋 웃어 준다."

상상만으로도 즐겁다. 그래, 필드에선 종종 화려한 착각에 빠질 필요가 있다. 내 클럽은 비록 중고지만 세계 최고의 클럽이고, 난 소렌스탐. 마음속에 소렌스탐이 있는데 어찌 동네 연습장 샷을 해댈 수 있겠는가.

'만인의 교습'은 정말 피곤하다

미인은 고달프다. 주위에서 내버려두질 않는다.

어느 날 연습장에서 A프로가 다가와 말한다. 내 스윙은 몸을 너무 많이 써서 임팩트가 정확하지 못하다고. 그는 간결하게 팔만 들어올리란다. 일리가 있는 듯해서 2~3일 실컷 연습했다.

그 간결한 스윙이 몸에 밴 듯해 기분이 좋을 무렵…. 지나가던 B프로가 깜짝 놀라며 한마디 한다.

"그렇게 팔만 번쩍번쩍 들어올리니까 거리가 안 나지요."

그는 다시 팔은 놔두고 몸통 회전만 충분히 해줄 것을 권한다.

"A프로님은 그렇게 하지 말라던데요."

이런 말은 소용없다. 그는 한층 자신의 이론을 강조한다.

비단 레슨 프로뿐만이 아니다. 줄줄이 슬라이스를 내던 어느 날, 보다 못한 뒷타석 할아버지가 다가오더니 무조건 자기를 따라 하라는 거다. 하도 확고하고 강경하게 이론을 펼쳐 놓는 바람에 난 할 말을 잃고 몇십 분 동안이나 시달렸다. 모두가 자신의 이론이 최고라고 해대니….

난 A프로가 나타나면 팔을 번쩍 들어올리고 B프로가 나타나면 냅다 몸통을 회전시키는 두 가지 스윙으로 한동안 헤맸었다.

골프엔 정답이 없다고 한다. 정답이 없기 때문에 조금이라도 구력이 붙을라치면 누구나 자기가 하는 게 옳다고 주장한다. 그리고 그렇게 주장하던 사람도 실제로는 이 말 저 말에 솔깃해 하며 스윙을 바꾼다. 내 앞에서 그렇게 강경하던 할아버지도 며칠 후엔 다른 다석 아저씨에게 이상한 스윙을 전수받고 있었다. 내가 보기엔 할아버지 스윙이 더 나은데도 말이다.

나 역시 그렇게 될까. 아마 그럴 것이다. 수십 년이 흘러도 이 스윙, 저 스윙 사이에서 갈피를 못 잡고 있는 모습. 하긴 낸시 로페즈도 평생 '이거다' 를 찾지 못했다 하지 않은가.

그렇더라도 '만인의 교습' 은 정말 피곤하다. 날 좀 내버려두세요. 나도 레슨 프로가 있으니까.

파 5홀은 정말 싫어

시험 공부 안 한 날 교문 앞에 서서 느끼던 그 막막함. 졸업 후 다시는 없을 것 같은 그 두려움을 느낀 건 다름아닌 골프에서였다.

비기너 시절의 파 5홀. 그것도 오르막 경사. 그 끝도 보이지 않는 들판은 그야말로 '가도 가도 종착점 없는 삼만 리' 였다.

프로들은 파 5홀이 버디 홀이라던가. 그러나 그게 무슨 소리냐. 도랑에 빠뜨리고, 모래에 굴려 넣고. 그냥 걸어 올라가기도 쉽지 않은데 볼은 몇 미터 앞에서만 뱅뱅 맴돈다. 쳐도 쳐도 그린은 보이지 않고. 왜 볼은 자꾸 산꼭대기로만 올라가나.

파 5홀에선 그린 끝자락만 보이기 시작해도 안도의 한숨이 나온다.

"드디어 다 왔구나."

다행히 골프장엔 파 3홀이 있었다. 세상에 파 3홀만큼 만만한 홀은 없다. 한 번만 잘 치면 파 온. 더구나 드라이버 아닌 페어웨이 우드로 쳐도 올라갈 수 있다. 티에서 드라이버 말고 다른 클럽으로 치는 홀이 나에게도 있다니. 더구나 파 5홀에선 꿈도 꿀 수 없는 파 온이 가능한 것 아닌가. 그 만만함. 그보다 편한 홀이 있겠는가.

그러나 만만함은 언제나 날 실망시킨다. 파 온이 분명 돼야 하는데 실제 파 온 되는 건 가뭄에 콩 나기. 레이디 티에서 100야드 파 3홀을 보고 "이건 껌이야." 하는 순간 볼은 45도 각도로 옆으로 날아 연못에 퐁당 한다. 그건 파 5홀 배신보다 훨씬 더한 충격. 골프에선 도대체 만만한 게 단 한 가지도 없구나. 막막함은 늘 막막함으로 남아 있고, 만만함도 언제나 막막함으로 변한다.

골프에 마음을 들키면 안 된다. 막막하더라도 내색하면 안 되고, 만만하더라도 덤비면 망한다. 골프 그 놈은 꼭 마음과 반대되는 복수를 하니까.

얼마 안 되는 경험. 거기서 난 조금씩 느낀다. 파 5홀에서 막막함에 익숙해져 체념하면 그런대로 산 넘고 물 건너 가더라. 그리고 파 3홀에선 "내 실력에…." 하고 치면 올라가더라.

골프는 항상 변한다. 그러나 아무리 변해도 아직까진 파 3홀이 좋다. 파 5홀은 너무 멀어 싫다.

나만 그런 건가, 다 그런가

어리둥절함투성이였다. 3년 전 골프 프로그램을 시작할 때 내가 아는 용어라고는 '홀인원' 정도가 고작. 홀인원도 파 4 홀이건 파 5홀이건 아무 데서나 터지는 것으로 알았으니….

그래도 직업이 방송작가이니 아는 척하며 대본은 써야 했다. 그러나 언제나 속은 부글부글 끓었다. 골프깨나 안다는 MC는 머리 쥐어짜며 밤새 쓴 대본을 완전히 무시하는 것이었다. "골프 치기 좋은 날씨입니다."라고 지극히 정상적 멘트를 써 놓으면 '날씨와 스코어가 무슨 상관이냐'는 식으로 바꿔 버린다. 지금 생각하면 '날씨 탓하면 안 된다'는 뜻이었겠지만, 당시엔 분노하지 않을 수 없었다.

프로 골퍼들도 이상했다. 남들은 하고 싶어도 못하는 방송 출연인데 '싫다'는 사람이 많았다. "시합이 있고, 말재주도 없고…." 등등 이유도 다양했다.

그들과 반대되게 '수상한' 건 연예인들. 다른 프로그램에선 그렇게 나와 달라 해도 스케줄 운운하며 튕기던 연예인들이

명프로의 레슨을 핑계로 섭외하면 십중팔구 마다하지 않았다.

이제 골프를 안 지 3년. 난 그 어리둥절한 세계를 이해하기 시작했다. 골퍼라는 사람들은 박세리의 4승보다 자신의 버디 4개가 훨씬 더 기쁘고 소중하다는 것. 프로들의 컨디션 조절은 정말 섬세해야 한다는 것. 제아무리 바빠도 "골프 치러 가자."면 단번에 그 빡빡한 스케줄이 무용지물이 된다는 점 등이다.

하물며 병아리 골퍼인 나도 라운드 전날엔 다른 약속을 다 뿌리치는데 프로들이야 오죽하겠는가. 어느 유명 프로의 가족들은 시합 전날 발소리조차 조심스러워 까치발로 걸어다닌다고 하니.

골프는 골프 이외의 모든 걸 시시하게 만드는 힘을 가졌다. 등산광, 낚시광이 골프 입문 후엔 산과 물이 모두 페어웨이로 변한다더니, 나도 마찬가지였다. 전엔 온 국민의 눈물을 쏙 뺄 다큐멘터리를 터뜨리는 게 욕심이었는데 요즘엔 다른 프로그램 제의를 모두 거절한다. "저, 골프 프로그램만으로도 족하거든요." 하고. 내가 오버하는 건가, 아니면 다른 사람들도 다 그런가.

'깡깡' 드라이버, '탕탕' 드라이버

미묘한 라이벌 의식. 연습장 앞타석과 뒷타석 사이에 흐르는 그 '미묘한 견제'가 때로는 필드보다 치열하다.

연습장 망 한번 맞춰 보는 것이 소원이던 시절이 있었다. 양옆의 망이 아닌 둥그런 타깃이 그려져 있는 정면쪽의 망. 어느 날 난 그 망이 출렁이는 걸 볼 수 있었다. 그날부터 자신감이 붙은 내 샷은 더욱 가속이 붙어 빛났다. 내 드라이버의 그 '깡깡' 하는 소리는 주변의 눈길을 끌기 시작했고.

앞타석을 보니 동년배 여성이 드라이버를 친다. 그러나 거리는 쇼트 아이언 거리. 난 더 신이 난다. 평소엔 아이언부터 연습하지만 그런 날은 드라이버부터 꺼내 샷을 뿜어댄다. 소리에 놀란 앞타석은 잠시 부러운 눈길을 보낸다. 그리고는 '씩씩' 하는 소리가 들린다. 그 경우 거리는 안 나도 그나마 좋았던 방향마저 갈피를 잡지 못한다. 난 속으로 흐뭇하다.

"이 정도면 됐지, 뭐."

그렇게 장타자라고 우쭐해하던 어느 날. 내 드라이버를 압도하는 소리가 뒷타석에서 들려 온다. '깡깡' 하는 내 소리와는 차원이 틀린 '탕탕' 하는 소리. 볼은 망을 출렁이게 할 정도가 아니라 아예 뚫을 지경이다. 날 쳐다보던 눈길들도 모두 뒷타석으로 향한다. 돌아보니 나보다 체구도 작다.

그때부터 내 '깡깡 드라이버'가 무너진다. 머릿속이 복잡해지며 어떻게 스윙해야 하는지 멍해지고….

연습장에서 한번 샷이 안 되기 시작하면 한 시간, 두 시간이 마찬가지가 된다. 그런 날은 연습을 접는 게 상책이다. 배운 지 한 달밖에 안 됐지만, 나보다 아이언이 잘 떨어진다거나 백발 할머니 샷이 내 거리를 능가하거나 하는 날. 그런 날은 퍼팅 연습이나 하는 게 최선이다.

필드 아닌 연습장에서조차 이렇게 앞타석, 뒷타석에 따라 '살아났다, 무너졌다' 하니 누가 골프를 혼자만의 게임이라 했는가. 골프는 진정 상대적 게임인 것 같다. 내가 질투심 많은 여자라 그런가. 남자들도 연습장 경쟁이 있는가.

더 이상 '살살' 스윙은 없다

짧은 파 3홀. 내 티 샷은 붕 하고 치솟더니 핀을 향해 날았다. "굿 샷!" 소리가 터져 나오면서 볼은 핀 전방 10m쯤에 떨어져 굴러가기 시작했다. 볼은 홀에 들어갈 듯했다. 동반자들로부터는 "어, 어, 어." 하는 외침이 이어졌다.

볼은 깃대 옆 20cm에 멈춰 섰다. 아쉽지만 그건 입김으로 불어도 들어갈 수 있는 거리. 그 홀에서 내가 버디를 잡았는가? 그건 아니고, 난 보기를 한 것에 불과했다. 그 홀은 내리막에 유난히 거리가 짧았다. 나한테는 거리만 짧으면 만만한 홀이 된다.

난 망설였다. 내 애용 클럽인 7번 우드를 쓰자니 그린을 넘어갈 것 같고, 그렇다고 롱 아이언으로 치자니 자신이 없고.

결국 "70% 스윙으로 살살 치면 되겠지." 하며 7번 우드를 잡았는데…. 그 '살살' 이라는 게 어느 부분에서 살살인지, 어떻게 쳐야 살살인지 당신은 아는가.

백 스윙을 하는 둥 마는 둥, 다운 스윙에서 클럽이 넘어가는 둥 마는 둥 치니 그야말로 어정쩡한 샷이 되고 말았다. 볼은 옆으로 '삐리릭' 날아 무성한 덤불 속으로 사라졌다. OB.

"살살 70%? 내 주제에 어림없다. 넘어가도 좋으니 자신 있게 풀 스윙하자."

그렇게 맘먹으니 편해졌다. 난 1벌타 후 세 번째 샷을 멋지게 휘두르며 입김 거리에 붙인 것이다. 그 홀에서 내가 느낀 건 두 가지. 섣불리 스윙 크기로 샷을 조정한다는 건 금물이라는 것. 그리고 언제나 내 스윙을 자신 있게 하는 게 최고라는 것. 그래야 후회가 없을 테니까.

그 홀을 벗어나며 누군가 말했다.

"다행이지, 뭐. 막바로 들어갔으면 얼마나 아쉬웠겠어. 그걸 홀인원이라 할 수도 없고…."

어쨌거나 20cm 샷은 내 생애 최고로 홀에 붙인 샷. 저녁 식사 때의 동동주 맛은 기막힐 수밖에 없었다.

'골프병'은 저절로 낫는가

난 투병 중이다. '골병 2기'. 골프를 시작하면 누구나 통과의례처럼 겪는다는 골병.

'골병 1기'는 골프채를 잡은 지 얼마 안 돼 찾아왔다. 초보자의 불타는 의지는 스윙에 힘을 잔뜩 주게 마련. 온 힘을 다해 백 스윙하고 온 힘을 다해 내리친다. 그러나 볼은 맞지 않고 어김없이 뒤땅이나 토핑. 볼에 전해져야 할 엄청난 충격이 매트로부터 다시 내 몸에 전해지니…. 오른쪽 옆구리, 늑골이 아파 견딜 수 없었다. 크게 숨도 못 쉬겠고 웃지도 못할 정도. 고통을 호소하자 레슨 프로는 '올 것이 왔다'는 듯 웃으며 말한다.

"약 없어요. 슬슬 치다 보면 저절로 나을 겁니다."

그 레슨 프로를 원망하며 약도 먹어 보고 마사지도 해봤지만 낫지 않던 늑골 결림. 그러던 것이 정말 어느 날부턴가 슬며시 고통이 없어졌다.

그렇게 골병 1기를 치르고 몇 개월이 지난 어느 날. 초보자인 듯한 앞타석 아주머니가 울 듯한 표정으로 같은 증상을 호소한다. 난 별것 아니라는 듯, 그 고통 겪어 봐 다 안다는 듯 빙긋 웃으며 한마디 한다.

"치다 보면 다 나아요."

그렇게 한동안 여유 부리던 나인데, 어느 날 골병 2기가 찾아온 것이다. 이번 병명은 '다리 결림'. 하체를 고정시키면 장타를 낼 수 있다기에 양발을 죽어라 땅에 붙이고 몸은 몸대로 비틀며 몇 주를 쳤다. 그러자 왼쪽 다리에 무리가 온 모양이다. 침도 맞고 약도 발랐지만 이번에도 별 치유책이 없는 듯하다. 수십 년 간 전혀 안 쓰던 근육을 갑자기 돌리고 비트니 근육들이 놀라지 않을 수 있겠는가. 이번에도 골프로 아픈 것, 골프로 극복하는 수밖에.

하지만 골병이 반드시 고통스런 것만은 아니다. 나으면 골프 근육들이 더 단단해지지 않겠는가. 그걸 생각하면 지금의 고통도 즐길 수 있을 것 같다.

골프는 고무줄이라지만…

"싱글이 뭐가 힘들다고 저 야단들일까? 이렇게 스코어가 팍팍 줄어드는데."

첫 필드행 이후 출전할수록 샷도 좋아지고 스코어도 줄어들자 난 그런 생각이 들었다. 약간만 다듬으면 다음해 봄쯤엔 웬만한 사람 저리 가라 할 자신감으로 똘똘 뭉쳤었다. 그때 그 라운드가 있기 전까지는 말이다.

그날도 자신감에 충만한 나는 의기양양하게 1번 홀 티잉 그라운드에 올랐다. 드라이버는 잘 맞았다. 그런데 이게 웬일. 세컨드 샷이 토핑되더니 서드 샷은 뒤땅이 되고, 퍼팅은 터무니없이 모자라거나 지나쳤다. 예상치 못한 총체적 난국. 후퇴란 없을 것 같은 내 상승 곡선이 그날 처참하게 무너져 내린 것이다. 특별히 연습을 게을리한 것도 아니고 그날 컨디션이 나쁜 것도 아니었다. 난 전혀 이유를 알 수 없었다.

그늘집에서 축 처져 있던 내게 선배들이 말했다.

"골프는 고무줄! 늘어난다 싶다가도 한순간에 줄어들고 줄어들었다 싶으면 다시 늘어나면서, 그것이 차츰 쌓여 진정한 실력이 되는 것. 따라서 오늘 같은 추락은 2보 전진을 위한 1보 후퇴일 뿐이니 달갑게 생각하라."

그래. 앞으로 밀어낸 화살보다 뒤로 깊게 잡아당긴 화살이 더 멀리 나가는 것 아닌가. 오늘의 후퇴를 기쁘게 받아들이자.

하지만 아무리 그렇다 해도 실망스러울 수밖에 없는 그날 플레이였다. 난 라운드 내내 시무룩할 수밖에 없었다.

그런데 내가 너무 안돼 보였는지 골프가 마지막 홀에서 날 위로했다. 360야드가 넘는 18번 홀에서 보기를 잡게 해준 후 골프가 속삭였다.

"어때, 18번 홀 좋았지? 다음번엔 모두 18번 홀같이 해줄게. 체념할 생각일랑 말아…."

20번째 홀, 24시 스포츠

내게 20번째 홀이 생겼다. 흔히 라운드 후의 뒤풀이를 19번 홀이라 하는데, 그 19홀을 마치고 집에 돌아와도 뭔가 성이 차지 않을 때 난 20번째 홀에 들른다. 또, 연습장에서 드라이버가 안 맞아 씩씩거리고 들어온 날도, 한밤중에 골프 생각이 날 때도 어김없이 20번 홀을 찾아 든다.

그 20번 홀은 다름아닌 'PC통신 골프 동호회' 다. 골프광들의 모임, 아니 골프를 신봉하는 사람들의 모임. 서핑이니 야구니 여러 동호회가 있지만 골프 동호회만큼 20대부터 60대에 이르기까지 광범위한 연령층을 갖춘 곳이 또 있을까. 피 끓는 20대가 그날 샷이 안 됐다며 방방 뜨면 30대는 선참으로서 '그럴 때는 이렇게' 의 방법을 제시한다. 이를 지켜보던 40, 50대 고수, 허허 웃으며 '맘 다스리는 법' 한 수를 일러 준다.

그날 무너진 플레이부터 골프 때문에 구박받는 남편들의 비애에 이르기까지 숱한 의견들이 있지만, 최근 조회 건수가 단박에 2백여 회에 달한 통신이 있다. 바로 '남보다 드라이버

50야드 더 날리는 법'. 누가 그 의견을 읽지 않겠는가. 비법인즉 '턱수염 깎고 화장한 후 부인의 스커트 빌려 입고 레이디 티에 오르면 되는 것'.

그런 얘기가 있는가 하면, 해탈의 경지 글도 있다. 다이백파(多以百破), 열이달구십(熱以達九十), 금이달팔십(金以達八十), 공이달(空以達) 싱글, 귀우지자(鬼友之者), 달(達) 언더파. 많이 나가면 파 1백을 하고, 열 올려 연습하면 90대에 이르고, 돈 좀 들여야 80대, 그리고 맘을 비워야 싱글을 친다.

또, 골프 귀신하고 친구인 자만이 언더 파에 이른다는, 즉 죽어서야 인더 파를 친다는 어느 도인의 논리도 있다.

난 이 20번 홀에서 '상대방 무너뜨리는 법'도 배우고 '본인 사망시를 제외하고는 꼭 지켜야 하는 부킹의 절대성'도 알게 됐다. '어느날 갑자기 고수가 하수되고 하수가 고수될 수 있음'을 들었고, '30년을 당하고도 절대 이기지 못하는 게 골프임'을 배웠다.

얼굴도 보지 못한 사람들의 얘기에 고개를 끄덕이고, 하루 종일 골프 치다 돌아와 그것도 모자라 새벽까지 컴퓨터를 두드리게 하다니…. 이만하면 골프는 '신 내린 스포츠, 24시 스포츠'임에 틀림없는 것 같다.

골프의 이중성을 고발한다

골프의 이중성을 고발하겠다. 도대체 알 수 없는 그 속을 한 번 뒤집어 보자.

골프를 접하면서 가장 자주 듣는 소리 중 하나가 바로 '마음을 비워라' 였다. 그래서 마음을 비웠다. 드라이버 샷을 할 때는 마음을 비운 샷이 효과를 발휘하는 듯했다. 그러나 그린 주변으로 갈수록 마음을 비운 샷은 엉뚱한 방향으로만 흘렀다. 나는 분명 마음을 비운 것인데, 선배들은 '포기해서 그런 것' 이라고 몰아붙인다. 그땐 정말 억울하다.

이중성은 골프 중계 방송 때도 나타난다. 박세리가 선두권을 달리고 있다. 그러다가 미스 샷이라도 나면 캐스터는 "욕심을 내면 안 되죠."라고 말한다. 비슷한 상황에서 버디를 성공시키면 "아, 집중력이 대단해요."라고 한다. 성공하면 집중력 탓, 실패하면 욕심낸 탓. 도대체 그 욕심과 집중의 차이는 뭐란 말인가?

연습장에서도 그렇다. 레슨 프로는 내게 힘을 빼고 치라는 주문을 한다. 그래서 온몸에 힘을 쫙 빼고 치면, 이번에는 거리가 안 난다며 지금보다 2~3배는 힘껏 치라고 다그친다. 그건 분명 종잡을 수 없는 요구다. 어떻게 힘이 빠져 있는데 지금보다 2~3배 스피드를 낸단 말인가.

하도 답답해 '욕심과 집중의 차이' 에 대해 한 선배에게 물었다. 선배는 욕심은 자기 능력 이상을 바라는 것이고, 집중은 볼을 목표 방향으로 보내고야 말겠다는 마음이라고 했다. 그리고 힘을 빼는 것은 몸을 릴리스하게 하는 것이며, 헤드 스피드는 온몸을 잔뜩 꼬아서 풀어 내는 것이라고 했다.

그분은 열심히 설명해 주었지만 내 귀에는 '그 말이 그 말' 처럼 들렸다. 마음을 비우면서도 포기하면 안 되고, 집중은 하되 욕심은 내지 말며, 힘을 빼면서도 헤드 스피드는 내야 한다니, 이보다 까다로운 운동이 또 있을까?

하지만 골프가 그런 속성 없이 무조건 '힘과 빠르게' 만을 요구하는 운동이었다고 생각해 보자. 골프는 힘센 사람만의 손을 들어 주었을 테고, 나를 포함한 많은 사람들은 힘들다는 이유로, 애초에 능력이 안 된다는 이유로 골프채를 놓았을 것이다.

골프의 까다로운 주문 앞에 오늘도 내 골프는 오락가락하지만 나는 그 이중성을 미워할 수 없다. 그러므로 '이중성 고발' 은 철회할 수밖에.

골프는 보이지 않는 인간

결국은 눈물이 쏙 빠지고 말았다. 굳이 변명거리를 찾자면 그날 날씨가 아주 습했다는 것과 유난히 크게 들린 선풍기 소리, 그리고 자꾸 흘러내리는 안경뿐이었다.

그러나 아무리 그렇더라도 전날까지 그렇게 잘 맞던 샷이 그날 연습에서는 왜 단 하나의 샷도 제대로 맞는 게 없는지….

뭐, 샷 좀 안 맞는다고 눈물까지 흘리냐 싶겠지만 그날의 울분은 복합적이었다. '왜 안 될까' 를 도무지 알아낼 수 없자 시간이 흐르며 감정이 격해졌다. 급기야 '가만히 있는 볼 하나 못 쳐 내는 내가 다른 어떤 일인들 제대로 해내겠냐' 는 자조까지 이어졌다. 당시 내 주변엔 골치 아픈 일들이 몇 가지 있었는데, 그런 상황 역시 볼 하나 맘대로 못 쳐 내는 내 무능과 이어지며 슬프게 만들었다.

사실 책을 보니까 이런 얘긴 있었다.

"테니스나 스쿼시 같은 운동은 날아오는 볼을 향해 반사적으로 다가가 아무 생각 없이 쳐 내면 된다. 하지만 정지해 있는 볼을 치는 골프는 스탠스를 잡고 백 스윙을 하는 동안 오만 가지 생각이 교차한다. 결국 골프는 반사 동작이 아닌 자신의 의지대로 쳐야 하며, 바로 그 점이 골프의 가장 어려운 요소다."

"다운 스윙할 때, '숨은 내쉬어야 하나, 아니면 들이마셔야 하나' 부터 시작해."

'동반자가 내 스윙을 어떻게 볼까?' 까지 온갖 신경을 다 써야 하는 골프. 그런 생각들이 샷을 무너뜨리며 치유 불능 상태를 만드는 것인가.

흔히 골프의 변명에는 백한 가지가 있다고 한다. 감기에 걸려서, 어젯밤 과음해서, 동반자가 수다스러워서, 그늘집 미숫가루가 너무 되직해서, 볼이 마음에 안 들어서….

그렇게 18홀 내내 백 가지 변명을 하다가 결국엔 변명거리가 떨어진다. 그리고는 "변명거리가 떨어져 골프가 안 된다."는 게 마지막 백한 번째 변명이라고 한다.

모든 운동을 통틀어 가장 많은 생각과 가장 많은 변명을 하게 만드는 골프. 난 그런 골프가 어쩌면 '가장 인간적 스포츠'라는 생각을 한다. 울리고, 갈등케 하며, 후회케 하고, 슬프게 하다가 아주 가끔은 기쁘게도 만드는 속성, 나와 대화하고 교감하는 운동 이상의 그 무엇. 골프는 생명을 가진 무형의 인간일지도 모른다.

그날의 가슴 떨림을 되새기며

나는 분명 건방져 있었다. 내가 스스로 건방지다고 느낀 것은, 처음 머리 올리러 간다는 분의 이야기를 듣고 나서였다.

그분은 첫 필드행을 앞두고 전날 밤 가방 꾸리는 설렘을 말했다. 티와 장갑을 차곡차곡 챙기고 볼을 꾸리며 클럽을 정성스레 닦아 가방을 싸는데, 마치 결혼 전날 신혼여행 가방을 꾸릴 때처럼 두근거려 잠도 이룰 수 없더라는 것이다.

그 이야기를 듣는 순간, 잊고 지내던 내 첫 필드행 풍경이 떠올랐다. 첫 필드행 날짜를 잡아 두고 나는 얼마나 맹연습을 해댔으며, 그 때문에 옆구리는 얼마나 저려 왔던가.

필드에 도착해서는 어땠나. 초록 물감을 풀어 놓은 듯한 풍경에 입이 딱 벌어져 놀라면서도 산으로 올라가기만 하는 볼이 얼마나 당황스러웠던가. 동반자들의 조언을 한마디라도 놓칠세라 귀를 쫑긋 세웠고, 코스를 척척 분석해 내는 캐디가 존경스러워 반짝이는 눈으로 바라보던 순진함. 발갛게 상기된 얼굴로 이리저리 헤매면서도 내 스윙으로 팬 잔디를 마음 아파하며 뛰어다니던 그 분주함.

그런데 그로부터 얼마 지나지도 않았는데 나는 분명 변했다. 타성에 젖은 골프가 된 것이다. 이제 내일 필드에 간다고 해서 그때처럼 옆구리 저리도록 칼을 갈지 않는다. 또, 옛날처럼 일찍 도착해서 퍼팅 연습을 해야 한다는 조바심도 없다. 필드에 대한 긴장과 성실한 준비가 사라진 것이다. 게다가 남의 탓까지 하는 버릇마저 생겼다.

얼마 전 플레이. 핀까지 60야드 거리에서 캐디는 피칭 웨지를 건네주었다. 나는 "9번 아이언이 더 좋을텐데…."라고 말하며 피칭 웨지를 받아 들었다. 그런데 피칭 웨지 샷이 그린에 턱없이 모자라자 혼자말처럼 속삭인 건 잊고 "캐디 언니가 8번 아이언을 줬으면 이런 일이 없었을텐데…."라며 은근히 캐디 탓을 했다. 사실은 일관성이 없는 내 샷이 문제인데 말이다. 첫 필드행에선 모든 미스 샷의 원인을 다 '내가 잘못 친 탓'으로 여기더니 이제 남의 탓으로 돌리는 경향까지 생기다니….

타성에 젖은 듯한 요즘 나는 첫 필드행의 느낌이 다시 그리워졌다. 바쁘게 뛰어다니면서도 떨어져 나간 잔디에 미안해하고, 마지막 18번 홀에서는 몇 홀 더 돌고 싶어 아쉬워하던 그 정신없는 하루.

첫사랑의 기억은 지금 사랑의 소중함을 일깨우기 위해 가끔 떠올릴 필요가 있다고 했던가. 첫 필드행의 기억도 마찬가지다. 그날의 가슴 떨림을 반추한다면 이 가을, 타성에 젖은 내 골프는 분명 새로운 힘을 얻을 것이다.

좋은 약일수록 귀에는 쓰다

'부부가 함께 골프 치면 이혼한다.'는 얘기가 있다. "설마 그럴까?" 하던 그 말이 "그럴 수도 있겠다."라고 바뀐 건 며칠 전 라운드에서였다. 오래간만의 필드행을 앞두고 들뜬 마음으로 새벽부터 일어나 연습장을 향했다. 부지런히 샷을 가다듬고 기분 좋게 티잉 그라운드에 올랐는데….

드라이버 샷까지는 좋았다. 그런데 믿었던 페어웨이 우드 샷이 배신을 밥 먹듯 하기 시작했다. 연달아 이어지는 미스 샷. 나는 동반자들의 기다림을 무릅쓰고 계속 샷을 해야만 했다. 그것도 '이번에는 잘 쳐 내고 말겠다.'는 생각에 연습 스윙까지 철저히 곁들여서.

그러나 아무리 연습 스윙을 하고 쳐도 미스 샷은 나아지질 않았다. 급기야 파 5홀을 무려 9타 만에 끝내고 그늘집에 앉았다. 나는 속상해 있는 나를 동반자들이 위로해 줄 줄 알았다. 그런데 위로는 못 해줄망정 선배들 왈, 나보고 '슬로 플레이어'란다. 이는 골프에서 퇴치돼야 할 가장 악명 높은 요소가 아니던가. 그런데 그런 '슬로 플레이어'가 바로 나라고 몰아

붙이다니…. 속상한 마음에 서러움까지 겹쳐 거의 눈물이 날 지경이었다. '내 볼이 좀 헤맸기로서니 날보고 슬로 플레이어라…. 저 사람들, 자기들은 올챙이 적 안 거치고 그냥 막바로 개구리 됐나.' '아, 서럽다. 동료간에 이 정도로 서러우니, 허물 없는 부부 사이야 오죽하겠냐.' 등등 별의별 생각이 다 들었다. 그런 데다 그중 한 명이 또 곁들였다. 앞으로는 연습 스윙을 하지 말고 곧바로 치라는 것이다. 연습 스윙을 하나 안 하나 불안한 마음에 하는 스윙은 어차피 같은 법, 여물지 않은 연습 스윙은 안 하니만 못하다는 얘기였다. 워낙 야단을 맞아 난 그때부터 연습 스윙을 할 엄두도 못 냈다. 그런데 바로 실제 스윙을 하니, 연습 스윙하면서 생긴 불안한 마음이 싹 가시고 볼은 훨씬 더 잘 맞아 주었다. 그러면서 지연 플레이로 동반자에게 가졌던 미안한 마음이 가시며 내 샷에도 자신감이 붙기 시작했다.

나는 시간이 흐르면서 깨달았다. 그 순간은 씩씩거렸지만, 그들의 가르침이 내가 앞으로 멋있고 훌륭한 골퍼가 되길 바라는 진심 어린 충고였음을. 만약 그날의 가르침을 새기지 않았다면 나는 미스 샷을 연발하고도 언제까지나 동반자들에게 위로받기만 바라는 나약한 골퍼로 남아 있었을 것이다.

환영받는 하수가 되는 길. 그것은 충고가 쓸수록 몸에 좋다는 것을 알아야 하는 것이 아닐까. 그러니 '부부가 골프 치면 이혼한다'는 말은 당치 않은 소리다. 멋있는 골퍼가 되기 위해 언젠가 맞아야 할 '매'라면 즉시 맞는 매가 훨씬 충격적이고 효과도 클 테니까 말이다.

어떤 곳이 지상 최고의 코스인가

'지상 최고의 코스' 라는 말은 아무 때나 쓰는 말이 아니다. 내가 산간 오지의 그 코스에 '지상 최고' 라는 칭호를 붙인 것은 두 팀과 플레이한 이후였다.

나와 한 팀이 된 세 명의 사나이. 머리에는 그렉노먼 모자가 빛나고 있었고 옷도 클럽도 모두 신제품으로 반듯하게 무장한 사람들이 윗사람의 머리를 올려 주기 위해 나온 것이다.

처음 필드를 찾은 사람이면 당연히 주눅들게 마련인데 업무상 관계가 필드까지 연장된 듯 이 팀은 달랐다. 볼이 뜻대로 가지 않자 상사는 화를 내기 시작했다. 한술 더 뜨는 것은 중간 단계의 사나이. 윗분을 제대로 가르쳐 드리지 않는다며 마지막 사나이를 윽박지르는 것이다. 급기야는 욕설을 퍼붓고, 참다못한 그 마지막 사나이는 결국 얼굴을 붉히며 골프장을 떠나고 말았다. 험악하기 그지없는 분위기에서 바라본 그 코스는 그야말로 형편없었다. 디보트 자국만 보였고 벙커는 쓸데없이 길었으며 해저드도 계산 없이 푹푹 파 놓은 듯했다. 난

'이런 골프장이니 저런 사람들이 오지.' 라는 생각이 들었다.

그러다가 이튿날. 나는 노부부 팀에 합세해 플레이할 수 있었다. 결혼 33주년을 기념해 플레이하고 있다는 그들. 노부부의 채와 신발은 33년이라는 세월만큼이나 낡아 보였으며 세련과는 거리가 먼 의상이었다. 모든 것이 편해 보이는 사람들.

그런데 이분들이 쓰는 감탄사는 나를 의외로 당황케 했다. 노부인의 티 샷이 130야드를 조금 넘기라도 하면 노교수는 뛸 듯이 기뻐하며 예외 없이 '러브리 샷' 을 외치는 것이었다. 젊은 나도 쑥스러운 '러브리 샷' 을 한없이 주고받는 그들의 풍경. 정말 사랑스러운 것은 샷이 아니라 그들이 함께한 세월이라는 생각이 들었다. 그 노부부를 보자 전날 그렇게 엉망이던 코스가 평화로운 낙원으로 변해 버렸다. 디보트 자국은 간데없었고 긴 벙커와 곳곳의 해저드에서도 설계자의 심오한 의도 및 철학이 느껴지는 듯했다.

부동의 세계 제일이라는 '파인밸리(Pine Valley)' 에 가면 뭐하겠는가. 동반자에 따라 그 파인밸리도 당장 '분노의 황야' 로 전락할 수 있는데. 그리고 플레이 분위기에 따라 3류 골프장도 '지상 최고의 코스' 로 둔갑할 수 있는데.

지상 최고의 코스는 따로 없다. 비록 잭 니클로스가 손을 대지도, 저 유명한 피트다이가 설계하지도 않았지만 그 오지의 골프장이 노부부에게는 지상 최고의 골프장일 테니 말이다. 최고의 코스는 언제나 '누구와 치느냐' 에 달려 있다.

허풍쟁이라도 좋다

한 선배가 있었다. 자신의 골프 스토리를 마치 무협지처럼 펼쳐 놓는 분이다. 땀에 흥건히 젖어 연습장에서 돌아와 '그날의 샷'을 묘사하기 시작하면 얼마나 거창한지….

"내가 말이야, 이번에는 하체를 한번 리드시켜 봤어. 그랬더니 임팩트가 팍팍 붙는데 온몸에 전율이 오더라구. 볼이 정신없이 나가니까 앞타석, 뒷타석이 쥐 죽은 듯 고요해지는 거 있지. 내 드라이버 샷에 내가 섬뜩해지더라니까."

늘 이런 식이었다. 매번 아이템을 바꿔 가며 강호를 평정한 무사의 모습으로 '드라이버 샷 완결편', '이보다 더 정확한 아이언 샷은 없다' 등 시리즈 무용담을 펼쳐놓는 것. 병아리였던 내게 그 선배의 샷은 존경과 경외의 대상이 되었다. 선배는 분명 아이언 샷의 달인이었으며 타의 추종을 불허하는 장타자, 그리고 퍼팅의 명수였다.

그러다가 어느 날, 그 선배와 플레이 할 수 있는 기회가 생겼다. 나는 얘기로만 듣던 '섬뜩한 드라이버 샷'을 직접 볼 수 있다는 기대로 가득 찼다.

그러나 결과는 '독자들 짐작대로'. 드라이버 샷은 땅으로만 굴렀으며 '이보다 더 정확할 수 없다' 던 아이언 샷은 뒤땅 일색이었다. 선배 자신의 실망이야 더했겠지만 나의 실망도 이루 말할 수가 없었다.

플레이가 끝나고 그 선배, 뒷머리를 긁적이며 한마디 하기를, "오늘 골프 정말 안 되네."였다. 나는 그날 낚시꾼 월척 낚았다는 것과 300야드 장타 날렸다는 말은 직접 보기 전에는 믿지 말아야겠다고 생각했다.

그런데 언제부터인가 나도 그 허풍쟁이 선배의 전철을 밟고 있었다. 수십 번에 한 번 드라이버 샷이 잘 맞아 그물이 약간 출렁거렸을 뿐인데도 사람들 앞에선 "우리 연습장 망을 꿰매야 할 거예요. 드라이버가 쳤다 하면 망을 뚫을 지경이니." 라고 말한다. 또, 3~4m 퍼팅이 어쩌다 들어가기라도 하면 '마운드를 두 번이나 넘는 10m 롱 퍼팅' 으로 변해 버린다. 골프를 치면 이렇게 누구나 '허풍쟁이' 가 되는 건지.

골퍼들은 한 개의 성공적인 샷만을 기억하고 그렇지 못한 나머지 99개의 샷은 모두 잊어버린단다. 그리고 골프가 잘 안 될 때는 '내 진정한 실력은 따로 있어.' 라고 생각한다.

그러나 나는 그 같은 '허풍' 을 약이라 생각하고 계속 허풍쟁이가 되기로 했다. 비록 매번 터져 주지 않는 200야드 샷에 실망도 하겠지만 맘속으로라도 200야드 샷을 항상 날려야 언젠가는 다다를 것이기 때문에.

두번째 글

들어갈수록 갑갑해지는 골프의 속

10년 전쯤이었나? 튀는 거 좋아하는 압구정동에 이런 패션이 나타났다. 근사하게 잘 차려입은 젊은이들이 등에 골프 백을 메고 다니는 패션. 지금 생각하면 그 무거운 가방을 왜 메고 다녔을까 우스꽝스럽지만 그때는 그들을 보며 '와, 쟤는 골프 치나 보다' 하며 부럽고 샘나는 시선을 던지기도 했었다. 단지 외형에 대한 평가를 내렸을 뿐, 골프를 치는 것이 얼마나 골머리 아픈 일인지 모를 때의 일이다.

3년 전이다. 그렇듯 희귀하다고 생각되던 골프인데 나에게까지 기회가 왔다. 골프 연습장에 들어서니 타석의 사람들이 힐끔힐끔 쳐다보았다. 그것이 미모에 대한 시선이면 좋으련만, 지금 생각해 보면 이런 시선이었을 것 같다. '저렇게 젊은 사람까지 골프 치겠다고 나서니 골프 치기 점점 힘들어지겠군.' 그때는 몰랐지만 지금은 그 시선의 의미를 알 수 있을 것 같다. 골프 인구가 늘어난다는 소식을 접할 때마다 아군이 생긴 것 같아 반가우면서도 한편으론 걱정이 앞서기도 한다.

두번째 글

3년 동안 골프 인구는 젊은 층으로 많이도 확대되었다. 처음에 내게 골프는 건너기 힘든 높은 산이었다. 머리부터 발끝까지 빼입어야 하는 골프 웨어도, 비싼 골프채를 감당하기도 힘들었다. 하지만 젊은 다수가 지나가니 길이 생겼다. 더 이상 고급 채와 값비싼 옷, 고급 차만으로 골프장에 갈 수 있는 것은 아니다. 사람들은 열심히 인터넷을 검색해 다른 사람이 쓰던 중고 채를 구하고, 동대문시장에서 마음껏 코디한 옷으로 골프장을 찾기도 한다. 연습장 프로에게 전수받는 레슨이 전부이던 것에서 각종 서적이나 웹 서핑 등을 통해 탄탄한 이론으로도 자신의 골프를 무장시키고 있다. 정말 싱싱하고 건강하게 체질 개선이 되고 있는 느낌이다.

그러나 '골퍼'라는 소프트웨어는 이렇게 변한 반면, 하드웨어는 좀처럼 변할 줄을 모른다. 시사 고발 프로그램의 주제가 '사치, 과소비'일 때 골프는 여전히 단골 손님으로 등장한다. 90명의 서민 골퍼를 두고 10명의 귀족 골퍼에게 포커스를 맞추기 때문이다. 4명이 한 번 골프를 치기 위해서는 소 한 마리 값을 지불해야 할 정도로 그린피는 계속 오르고 있다. 10명의 귀족 골퍼에게 맞추어진 뭇시선과 그린피는 90명의 서민 골퍼를 갈수록 힘들게 한다. 점점 비싸지는 그린피를 보며 "골프가 너무 재미있어서 안 치고는 못 배길 걸."이라고 놀리는 것 같아 억울하기도 하다. 하지만 이걸 어떻게 골프장 탓이라고만 하겠는가? 골프장도 기업인데 적자 내며 장사할 수는 없을 테고. 그럼에도 불구하고 몸통은 점점 커 가고 옷은 턱없이 작으니 모두가 갑갑하다. 골퍼는 골프장 탓, 골프장은 세금 탓, 세금은 또 나름대로의 이유…….

답이 안 나오는 하소연이 된 것 같아 미안한 글이 되었다. 누구나 골프장을 동네 공원처럼, 볼링장처럼 드나들 수 있게 하는 마법의 열쇠 고리는 대체 누가 쥐고 있는 걸까? 골프를 시작하고 얼마가 지난 후 나는 이제 그런 현실 때문에 가슴 답답함을 느끼게 되었다.

치고 싶지만 너무 비싸다

"날 좀 꺼내 줘. 나는 드라이버지 쇠 파이프가 아니란 말이야!"

몇 주째 가방 속에서 빛을 못 보는 드라이버의 절규. 가을 하늘 한번 못 보고 현관 구석에 박혀 있는 내 클럽들이다.

내가 골프장을 찾지 않는 이유는 몸이 아파서도 아니고, 골프에 흥미를 잃어서도 아니다. 차라리 그런 이유라면 덜 서럽다. 이유는 '지갑이 얇아져서' 이다. 얼마 전까지 쇼트 게임 감 좀 잡아 보겠다고 적잖은 돈을 들여 집중적으로 골프장에 나갔었다. 그 덕분인지 쇼트 게임은 는 듯하나 주머니엔 찬바람이 돈다.

결론적으로 말해서, 우리 나라 골프장은 너무 비싸다. 한번 플레이 할라치면 월수입의 적지 않은 부분이 날아간다. 그린피 약 10만 원에 캐디피 합하고, 그늘집에서 냉수로 채우며 볶음밥 하나만 먹어도 능히 15만 원 정도가 든다. 나를 비롯한 샐러리맨에게는 실로 엄청난 금액이다. 여자인 나는 15만 원으로 그친다 쳐도 남자들은 더할 것이다. 약간의 내기라도 한다면 말이다. 떼돈 버는 사람이 아닌 이상 아무리 호기 있게 "골프 없이 못 살아."라고 말해도 분명 필드행은 부담스러울 수밖에 없다. 눈뜨고 일어나면 한국 선수들이 세계 골프 정상에 올랐다고 떠들썩한데, 왜 골프 하기는 점점 더 힘들어지는 것일까?

외국에는 그린피 1달러짜리 골프장도 있다고 한다. 물론 300달러짜리 골프장도 있다. 물론 1달러짜리의 코스 상태는 형편없을지도 모른다. 하지만 어떤가. 나처럼 드라이버가 울고 있는 사람은 1달러짜리 골프장에 가면 된다. 그리고 300달러를 주고서라도 최상의 코스를 즐기고 싶은 사람은 300달러 골프장에 가면 되는 것. 우리 나라는 그런 선택의 폭이 너무 없다.

내 생각에 골프장은 꼭 18홀짜리일 필요가 없다. 무리하게 18홀 다 채우려고 만들면 공사비 많이 들 테고, 그러면 비싸진다. 골프장은 4홀짜리도 좋고, 7홀짜리도 좋다. 지형이나 상황에 맞게 몇 홀짜리라도 값싸게 만들어 적은 비용으로 즐길 수 있도록 해야 한다. 나처럼 여유가 없거나 바쁜 사람들은 그 같은 몇 홀짜리 골프장에서 플레이하면 된다. 그래도 골프는 여전히 즐거울 테고, 게임의 진수를 만끽할 수 있다. 라운드하다 맘이 변하면 몇 번 더 돌며 18홀 채우면 되는 것 아닌가.

하루 빨리 우리 나라에도 그런 골프장이 많이 생겼으면 좋겠다. 하늘은 높고 푸르지만 어두운 골프 백 속에 방치돼 있는 내 드라이버. 그 드라이버가 화가 나서 헤드 커버 찾아 쓰고 가출하기 전에 말이다.

'조금만'이 항상 문제

내 골프가 유독 초라해 보이는 요즘이다. 낸시 로페즈, 애니카 소렌스탐, 그리고 박세리…. 비교 대상이 곁에 있기에 느껴지는 열등감이다.

"나는 왜 저들만큼 못할까?"

박세리처럼 공동묘지에 가지도, 하루에 1,000개의 볼을 연습하지도 않았으면서 감히 비교를 할 수 있는 이유. 바로 골프가 너무 쉬워 보이기 때문이다.

박세리 골프라고 별다르겠는가. 클럽별로 거리 딱딱 맞추고 방향만 잘 잡아 서면 다 될 듯한데. 그리고 거리나 방향쯤은 몇 달 맘잡고 연습하면 될 듯한데. 그런데 그 '조금만'의 경지가 왜 이리 다다르기 어려운 것인지.

지금부터 반년 전에 한 선배와 플레이를 한 적이 있었다. 구력이 20년에 달한다는 선배였다. 물론 선배와 나는 엄청난 스코어 차가 났지만 미스 샷 실수만 줄인다면 그 선배를 곧 따라잡을 수 있을 것도 같았다. 아니, 연습은커녕 그날 내가 조금만 신중했더라도 충분히 동등한 플레이를 했을 것이라고 생각했다.

그로부터 반년. 나는 그 동안 열심히 칼을 갈았다. 매일매일 연습장에 다녔으며, 여건이 되는 대로 필드에도 나갔다. 그리고 며칠 전, 그 선배와 다시 플레이할 기회가 돌아왔다. 1번 홀에서 세컨드 샷이 거의 그린에 올라갔고 퍼팅도 만족했다. 선배도 좀 흠칫한 눈치였다. 기세등등하여 2번 홀. 머릿속에는 온통 '드디어 뭔가를 보여 줄 때' 라는 생각으로 가득 찼다.

그런데 웬걸. 욕심이 차기 시작하니 볼이 제대로 맞을 리 없었다. 힘이 잔뜩 들어가 산으로 솟고, 내로 빠지고…. 깊은 러프에서도 무조건 스푼을 잡아 쥐는 무모함을 보였으며, 홀을 거듭할수록 그 증상은 심해졌다. 분명 6개월이 지났으면 나아져 있어야 할 내 골프는 "영분 씨는 예전하고 달라진 게 없는 것 같아." 라는 평가를 듣고 18홀을 마쳤다.

하지만 나는 아직도 그날 플레이에 미련을 버리지 못했다. 몸에 조금만 힘을 뺐어도 될 일이었다. 조금만 방향을 맞추고, 조금만 힘을 빼고, 조금만 천천히 하면 다 될 듯한데…. 그 '조금만'이 잘 안 되는 점, 그게 골프의 가장 어려운 점이라고 한다. 너무 쉬워 보여서 쉽게 포기하지도 못하고, 이러지도 저러지도 못하며 평생을 매달리게 되는 것.

비록 6개월 간의 연습에도 나아진 바 별로 없었지만, 박세리의 샷이 쉬워 보이는 한 나는 계속 골프와 씨름할 것이다.

혼자 즐기기엔 너무 아깝다

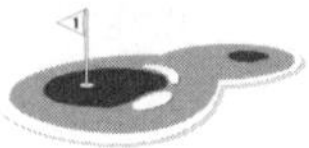

"미스 샷조차 곧 내 실력이려니…." 하고 여기던 순둥이 시절이 있었다. 그때는 이런 비기너와 함께해 주는 동반자들이 고맙게 생각될 따름이었는데…. 볼이 어느 정도 맞기 시작하면서 순둥이는 변해 갔다. 미스 샷의 원인을 잔디 깎는 기계 소리와 멀리 확성기 소리 탓으로 돌리는 데 급급했고, 어디에서 배웠는지 뜻대로 안 되면 클럽으로 땅을 내려치기도 했다. 하지만 화를 낼수록 볼은 더 안 맞았고, 급기야 18홀 전부를 씩씩거리거나 우울해 하는 심정으로 채우기도 했다.

그날도 그랬다. 경사지에만 가면 연이어 터지는 뒤땅 치기에 나도 모르게 화를 내고 있었다. 낙엽 위에서의 샷은 러프에서보다 훨씬 가늠하기 힘들었다. 게다가 울긋불긋 낙엽 사이에 가린 볼을 찾기란 짜증스럽기까지 했다.

그렇게 낙엽 사이에서 헤매기를 몇 홀. 그러다가 문득 반대편 언덕에서 동반자가 볼을 찾고 있는 모습이 눈에 들어왔다. 낙엽 속에서 동반자는 방금 나와 같은 불평을 하고 있을지 모르지만,

멀리서 바라본 그 풍경은 너무도 아름다웠다. 개구리는 우물 안에 있으면 그 우물이 얼마나 근사한 곳인지를 모르는 것일까? 멀리서 바라본 경사지는 빛나는 황금빛 언덕이었고, 도저히 짜증을 떠올릴 수 없는 풍경이었다.

순간 단풍 구경하러 설악산에 가신 부모님 생각이 났다. 몇 시간 구불구불한 산길을 달려 도착한 그곳에서, 인파 북적대던 단풍나무 몇 그루 밑에서 기뻐하시던 부모님. 그에 비하면 내가 불평만 하던 이 단풍나무 밑이 얼마나 조용하고 아름다운 공간인가.

어디에선가 이런 구절을 읽은 적이 있다. 볼이 뜻대로 나가지 않는다고 화를 내지 말라고, 화를 내기 이전에 골프를 칠 수 있는 자신의 복에 대해서 떠올려 보라고. 대한민국에서 이만큼의 잔디와 이만큼의 맑은 공기를 마음껏 누릴 수 있는 공간을 향유하는 자신의 여건에 대해 감사해 보라고. 그러면 제아무리 볼이 맞지 않아도 골프가 즐거울 수밖에 없다고.

그런 생각을 하니 마음이 한결 편해졌다. 이 쌀쌀한 날씨에도 불구하고 골프를 칠 수 있게 해준 건강이 감사하고, 골프장까지 나올 수 있게 허락된 나의 여건과 시간이 감사했다. 그리고 함께 할 동반자들이 있음도 감사하고. 이렇게 고마워할 것투성이인데 어떻게 볼 좀 안 맞는다고 불평을 할 수 있겠는가. 이 가을, 낙엽 밑으로 굴러 들어간 볼을 찾는 동작 자체가 행복이다. 나 혼자 즐기기에는 너무 아까운.

내 채를 연인처럼 믿자

조카나 나나 마찬가지였다. 얼마 전 골프 박람회에 간 내 모습은 장난감 가게에서 정신없이 좋아하던 조카와 크게 다르지 않았다. 정말 골프 대중화가 되긴 되는 건지, 박람회장 안은 그야말로 축제 분위기였다. 사람들은 신이 나서 돌아다니는 모습이었다. 나도 퍼팅 매트를 사고 싶었고 부츠형 겨울 골프화, 그리고 겨울용 장갑에 귀마개까지 온통 갖고 싶은 것투성이였다.

발 디딜 틈 없이 북적대는 박람회. 도대체 이 많은 사람들이 이곳을 찾은 이유는 뭘까? 해도 해도 좀처럼 줄지 않는 스코어, 새로운 클럽에 대한 기대 때문일까? 아니면 정말 혹자의 말처럼 자기 과시를 위한 용품을 사기 위해서일까? 물론 그런 이유도 있지만 더 근본적인 이유는 '골프가 너무 좋아서' 라는 생각이 들었다. 사람도 너무 좋으면 자꾸 뭔가 더 해주고 싶지 않던가. 골프가 애인 같으니 그에 관련된 것이라면 아무리 대가를 지불해도 아깝지 않은 것이다. 그러나 그 애정이라는 건 그렇게 굳건한 것만도 아니다. 수년 동안 정을 쌓아 왔다 해도 일단 한 번 신뢰를 잃으면 다시는 돌이킬 수 없는 사이가 되는 게 인간사 아닌가.

내 선배 한 명에게는 몇 년 동안 애지중지, 자랑스럽게까지 생각하던 드라이버가 있었다. 하지만 어느 날 미스 샷이 연발되자 안 되겠던지 내 채를 한번 휘둘러 보았다. 그러자 언제 미스 샷이 났냐는 듯 볼은 쭉쭉 잘 나가 주었다. 그때부터 그 선배, 드라이버를 꺼낼 때마다 못마땅한 눈치더니 결국 드라이버를 바꾸고 말았다.

내 채가 잘 안 맞고 옆 사람 채가 조금이라도 더 잘 맞는다 싶으면 지금까지의 미스 샷을 온통 채 탓으로 돌리며 결국엔 그 채와 이별하게 된다. 그러니 섣불리 남의 채를 엿봐서는 안 된다. 일순간 매혹되기 때문이다. 나도 그런 마음이 생길까 봐 아직까지 한 번도 다른 사람의 채를 휘둘러 본 적이 없다. 연인 사이에 가장 필요한 감정은 서로에 대한 믿음이듯 채도 마찬가지일 것이다. 비록 중고에 구형이라 할지라도 내 곁에 있는 한 나만을 위해 존재하는 세계 최고의 병기라는 믿음. 그런 믿음이 굿 샷을 낳지 않겠는가?

나는 그 골프 박람회를 두 시간도 넘게 돌아다녔지만 고작 볼 올려놓는 티 몇 개만을 사고 말았다. 매장마다 새 채 광고를 현란하게 해댔지만 눈에 들어오지 않는 걸로 봐서 나는 아직 내 채를 너무 사랑하나 보다. 비록 뒤땅에 바닥 면이 많이 긁힌 채이지만 나는 눈 안 돌리고 내 채만을 믿기로 했다. 내가 믿어야 그 채도 언젠가는 베스트 스코어로 보답해 주겠지….

순도 100%의 퍼블릭 코스 골퍼들

두 시간. 약속 장소에서 누군가를 기다릴 수 있는 최대한의 시간이라고 생각한다. 그러나 휴대폰에, 호출기에 어떻게 해서든 연락할 방법이 있는 요즘은 그조차 보기 힘든 풍경이다. 특별한 경우가 아니면 좀처럼 기다릴 일 없을 듯한 요즘, 무언가를 위해 두세 시간을 꼬박 기다리는 사람들을 보았다. 그곳은 다름 아닌 퍼블릭 골프장. 시내와 가까운 곳이었고, 코스도 멤버십 골프장 못지않은 곳이어서인지 골프장 입구부터 쭉 늘어선 골프 백들은 입을 딱 벌어지게 했다. 대공원 청룡열차를 기다리는 아이들도 아니고, 다 큰 어른들이 마음 설레며 줄지어 서게 만드는 것. 그 또한 골프의 '막강한 힘' 이었다. 사실 4명이 한 팀을 만들어 가야 하는 회원제 골프장의 경우에는 어쩔 수 없이 동참하는 경우도 있지만 퍼블릭은 좀 달랐다. 기본적으로 그린피가 저렴하다는 이점도 있지만 다음과 같은 골퍼들도 많을 것이다.

"골프 치고 싶어 죽겠다. 그런데 같이 갈 동반자가 없다. 그렇다면 나 혼자 가도 되는 퍼블릭은 어떤가. 몇 시간 기다려야 된다? 그것쯤은 기쁜 마음으로 희생할 수 있다."

바로 이 점에서 퍼블릭 코스의 열기는 회원제 골프장과 비할 바 아니었다. 그야말로 골프 한 가지만을 생각하는, 순도 100%의 열망으로 똘똘 뭉친 사람들이 오는 곳이다. 나는 그날 퍼블릭 코스에서 더 기분 좋게 플레이할 수 있는 몇 가지 방법을 느꼈다. 우선 한 팀으로 짜여진 동반자에게 흔들리지 말아야 한다는 점이다. 그날 나와 함께 간 예쁜 레슨 프로를 의식해서인지 우리와 한 팀이 된 두 명의 남성 골퍼들은 쳤다 하면 미스 샷투성이였다. 캐디 언니는 "저분들요, 너무 멋져 보이려고 힘을 줘서 저러시는 거예요."라고 말했다. 오랜만에 독한 맘 먹고 와서 낯선 동반자 때문에 샷이 엉망이 되면 좀 억울하지 않은가. 그러나 필요 이상 냉담하지도 말아야 한다. 우리 앞팀은 아주머니 두 분과 젊은 남성 두 명이 한 팀이 되었는데, 어찌나 서로 무관심한지 찬 바람이 휑휑 불었다. 그 즐거운 골프를 끝까지 화난 얼굴로 플레이하면 시간이 아까울 것이다.

한편, 퍼블릭일수록 슬로 플레이와 실력이 안 되는 내기 골프는 금해야 한다는 생각도 들었다. 다른 사람 티 샷 거리를 서너 번 만에 가서는 중간에 휴대폰까지 받는 골퍼. 거기다 내기 골프까지 겹쳤던지 그린 위에 겨우 올라서는 스리 퍼팅 아니면 포 퍼팅. 이제나 저제나 차례만을 기다리는 그 수많은 골프 백들을 생각한다면 그럴 수 없을텐데 말이다.

오늘도 골프에 대한 일념으로 퍼블릭 코스에서 발 동동 구르고 기다리는 사람들이 많다. 아, 우리 나라도 그리운 순간에 바로 골프를 접할 수 있는 환경이 되면 얼마나 좋을까.

장 프로의 기억력

"누구라도 그러하듯이 길을 걸으면 생각이 난다. 헤어지던 아픔보다 처음 만난 순간들이 잔잔하게 물결이 된다…."

이 노래. 아팠던 이별의 순간은 고의적으로라도 잊고, 처음 만난 환희의 순간만을 기억하고 싶어하는 것은 인간 누구나의 생리. '장 프로' 의 비애도 여기에서 시작된다.

'장 프로' –. 성이 장씨가 아니라 '연습장에서만 프로' 인 사람을 일컫는 말이다. 연습장에선 프로 못지않은 샷들을 쏘아대는 장 프로. 필드에만 나가면 예외 없이 이런 말을 내뱉으며 플레이를 마치곤 한다.

"어라? 어제 연습장에서는 정말 잘 맞았는데…."

나 역시 그 장 프로 중의 한 명이다. 얼마 전 플레이. 전날 연습장에서 '뻥뻥' 나가 주던 드라이버 샷만을 떠올리고 티잉 그라운드에 올랐다. 어깨가 저리도록 연습한 드라이버 샷이었다. 그러나 첫 홀부터 불꽃까지 튀는 심한 뒤땅 샷을 냈다. 마치 가슴이 찍히는 듯했다. 결국 18번 홀이 끝나도록 어제 연습장에서의 그 빛나던 샷은 고작 서너 개 홀에서밖에 터져 주지 않았다. "도대체 왜, 무슨 이유로 연습장에서는 잘되던 샷이 필드에만 나오면 이 모양이냐?" 며 분개하는 내게 한 선배가 이렇게 말했다.

"가슴에 손을 얹고 생각해 봐라. 네가 정말 연습장에서 친 모든 샷이 완벽했었는지. 연습장에서 신발을 갈아 신고 친 처음 10개의 볼을 떠올려 봐라. 제1구는 지독한 슬라이스이다. 제2구는 이를 바로잡는다고 훅을 낸다. 그리고 제3구는 방향을 맞추는가 싶더니 뒤땅을 치고, 네 번째에 가서야 그나마 자리잡힌 샷을 하게 된다. 거기에 거리까지 좀 내려면 초기 볼 20개 정도는 그냥 날려 보내고 만다. 그런데 보통 골퍼들은 그 불안정한 샷은 내 샷이 아니라고 생각한다. 초기 미스 샷 20개는 생각하지 않고 정상 궤도에 오른 시점부터만 내 샷으로 받아들이다 보니 '나는 연습장에서는 기가 막히게 쳤다.' 고 기억하는 것이다." 라고 말했다.

그 말이 맞았다. 나는 연습장에서 얼마나 많은 미스 샷 후에 잘된 샷 하나를 얻었던가. 그리고 필드에서 그 샷이 바로 터지지 않는다고 실망하고…. 내가 장 프로를 면할 수 있는 답이 나왔다. 연습장에서도 진정한 고수는 제1구부터 미스 샷이 없을뿐더러 그 미스 샷까지도 자기 실력으로 받아들이는 경지가 돼야 한다. 하수는 잘된 것만을 기억하고 고수는 부족한 것을 떠올린다고 하지 않던가. 미스 샷을 잊고 기쁜 일만 기억하려 하는 나는 아직 까마득한 하수다. 하지만 그런 미스 샷까지 내 실력으로 인정할 때 내 골프는 더 깊어질 것이다. 환희의 순간보다는 아팠던 경험에 의해 삶이 더 깊고 그윽해지는 것처럼.

칼은 역경 속에서 단련된다

"서울 경기 지방, 어제보다 기온이 한층 더 떨어지겠습니다."

겨울철에 추워진다는 당연한 일기 예보인데도 그 소리를 듣고 가슴 조이는 게 요즘의 내 모습이다. 기상 캐스터는 기온이 낮아진다고 말했을 뿐이지만 내 귀에는 "이제 추우니까 내년 봄까지 골프 끝입니다."로 들린다. 제아무리 춥고 외로운 겨울 문턱에서도 이렇게 막막한 느낌은 없었는데, 지금은 '추위'라는 단어에 온 신경이 쓰이며 쓸쓸해진다.

상황이 이렇다 보니 착각 현상까지 생긴 듯하다. TV 골프 중계에서 파란 잔디만 보여도 풀 내음이 솔솔 나는 듯하고, 페어웨이 한가운데 놓인 볼을 보면 내가 화면 속으로 들어가 5번 우드로 멋지게 쳐 내야 할 것 같고…. 아무튼 TV를 보는 동안엔 손과 어깨가 근질거려 견딜 수가 없다. 하지만 마음만 그렇게 간절할 뿐 막상 매서운 겨울바람 부는 산속에서 18홀을 돌 용기는 나지 않았다. 그러니 일기 예보가 더욱 가슴 아프게 느껴질 수밖에.

이렇게 마음의 병이 깊어 갈 무렵 골프광 한 분의 이야기를 들었다. 그분 말씀이 진정한 골퍼는 겨울에 판가름난다는 것이었다. 실례로 자신은 추운 겨울, 다른 날도 아닌 크리스마스까지 새벽 세 시에 털목도리를 두르고 나가 골프장 문 열기를 기다린 시기를 거쳤다고 한다. 조금만 있으면 골프 칠 생각에 추워도 추운 줄 몰랐다고. 그런 날들이 있었기 때문에 오늘날 싱글이라는 핸디캡이 만들어졌다는 것이다. 과연 나도 그럴 수 있을까?

며칠 전 나는 굳은 맘으로 겨울 칼바람을 헤치고 연습장에 갔었다. 그것도 밤늦은 시간에. 사람들이 돌아가고 아무도 없는 연습장. 나는 타석에 불을 켜고 들어가 드라이버를 휘둘렀다. 비록 콧물을 훌쩍거리느라 정신없었지만 겨울밤 공기를 가르고 깡깡 뻗어 나가는 드라이버 샷을 보는 느낌이 강렬했다. 온 세상에 소리라고는 내 드라이버 샷 소리뿐인 듯싶었다. 볼은 얼얼해 왔지만 그 상쾌함은 느껴 보지 않은 사람은 모른다.

연습을 마치고 나오는 느낌은 마치 학창시절 늦은 밤 도서관에서 공부를 마치고 돌아올 때와 비슷했다. 겨울 골프에는 그런 뿌듯함이 있는 듯하다. 학창시절 공부엔 타의에 의한 의무감도 있지만 한겨울 골프는 순수하게 자의에 의한 노력.

이 겨울, 난 일기 예보와 관계없이 칼을 갈 각오가 돼 있다. 추위를 헤치며 내년 봄 화려하게 피어날 골프를 생각하면 벌써 가슴이 두근거린다. 올 시즌 내내 한 번도 이겨 본 적이 없는 내 라이벌 K언니. 내가 혹독한 겨울 연습을 각오한 이상 이제 K언니의 시대는 갔다.

그 사람을 골프에 빼앗겼다면

얼마 전에 한 후배의 전화를 받았다. 나를 친언니처럼 따르던 후배였다. 연락 한번 없는 내가 야속하다는 듯 그 애가 물었다.

"언니는 나보다 골프가 더 좋은 거지. 신문에 골프 글은 매주 올리면서 왜 나한테는 연락 한번 안 해? 골프가 정말 그렇게 좋은 거야, 아니면 골퍼들이 읽는 글이라고 그냥 그런 척하고 쓰는 거야."

후배는 내가 '좋아하는 척' 하고 쓴 글이기를 바랐을 것이다. 안 지 십 년도 더 된 자기를 나 몰라라 하게 만든 골프가 얄미워서. 하지만 그 후배에게 골프에 대한 내 애정도를 체크해서 보여주겠다. 그건 사랑에 빠진 사람과의 체크법과 같다.

1) 앞에 없으면 눈에 선하다 - 사랑에 빠지면 눈에만 선하지만 골프는 몸까지 근질거린다. 거울 앞을 그냥 못 지나쳐 빈 스윙이라도 해봐야 하고, 연필만 잡아도 저절로 그립이 쥐어진다. 필드라도 다녀온 날에는 천장 굽이굽이 파 잡은 홀이 그려지고, 굿 샷을 내던 그 임팩트 소리도 귓가를 맴돈다.

2) 함께 있으면 시간 가는 줄 모른다 - 시간 가는 줄 모르는 데

이트처럼 골프도 그렇다. 첫 홀 티잉 그라운드에 올라 18홀을 마칠 때까지 네댓 시간이 어떻게 지나갔는지 모르겠고 집에 돌아가기가 못내 아쉽다.

3) 우울할 때 위로받고 싶은 상대로 떠오른다 - 그렇다. 난 우울하면 드라이버를 휘둘러야겠다는 생각이 든다. 그런 상태에서 휘두르는 스윙은 대부분 미스 샷으로 연결되지만 기쁜 순간이 아닌 우울한 순간에도 떠오를 수 있는 대상이 된다는 건 그만큼 강력하다는 얘기다.

4) 수시로 질투심이 생긴다 - 좋아하지 않으면 질투도 없는 법! 채 잡은 지 얼마 되지도 않은 사람이 내 샷을 압도할 때, 내 채가 다른 사람 손에 들려 더 거리를 내고 있을 때 나는 질투심에 속이 쓰려 온다.

5) 바쁘다는 핑계가 통하지 않는다 - 바빠서 못 만난다는 말은 마음이 식었다는 말. 잠잘 시간조차 없어 보이는 사람이지만 신기하게도 연인 만날 시간은 낸다. 내 골프도 마찬가지다. 제아무리 첩첩산중 싸여 있는 약속이라도 갑자기 밀고 들어온 골프 앞에선 모두 뒤로 밀려난다.

내 증상은 이 정도다.

"후배야, 이해해라. 솔직히 너보다는 골프가 좀더 좋다. 그래도 우리는 선후배 사이에 그치지만 이게 부부 사이면 그 소외감은 오죽하겠니? 그러니 후배 너는 섭섭해도 참아라."

물론 참지 못할 경우 딱 한 가지 방법이 있다. 바로 골프를 시작하는 것이다.

공포의 빨간 모자

필드행 전날 밤이면 나는 고민스러운 게 있다. 연습을 제대로 안 해 다음날 필드에서 헤매는 것도 걱정스럽지만, 그 걱정을 조금 더 압도하는 것은 "내일은 또 뭘 입고 가야 하나."다. 없는 옷에 이 옷도 대 보고 저 옷도 대 보고 한참 고민에 싸인다. 아무렇게나 입고 가자니 나만 혼자 튀어 눈총을 받을 것 같고, 매번 다른 사람들처럼 빼입고 가자니 그건 더 어려운 일이다. 골프 티셔츠 한 벌 값이 웬만한 정장 한 벌 값과 엇비슷하니 머리부터 발끝까지 세트로 맞춰 사려면 그야말로 허리가 휘청거린다. 똑같이 땀 흡수하는 옷인데 왜 테니스복이나 다른 운동복보다 골프 웨어만 그렇게 비싸야 하는지 모르겠다. 비싼 만큼 뚜렷한 개성이 있는 것도 아니다. 계절별 유행 패턴이 있어서 그 옷이 그 옷이다. 다들 비슷한 옷이기 때문에 클럽 하우스에서 동반자라도 찾을라치면 한참을 휘 둘러봐야 겨우 눈에 들어온다. 입은 사람은 신경 써서 입었을지라도 멀리서 보기엔 다 비슷비슷한 스타일이 마치 유니폼 같다.

얼마 전 플레이. 샷도 맘에 안 들고 입고 나온 옷도 다른 사람에 비해 튀는 것 같아 신경 쓰일 무렵, 아주 근사한 분을 보았다. 앞팀 남자분이었는데 개성 있는 차림이었다. 여름 반팔 티셔츠 두 개를 겹쳐 입고 그 안에 긴팔 폴라 셔츠, 그리고 구김이 간 진 바지를 받쳐입은 모습이었다. 허물없는 의상에서 나오는 멋진 샷과 깍듯한 매너. 비록 유명 브랜드는 아니었지만 내가 본 골퍼 중 가장 필드와 어울리는 자연스러운 멋을 내고 있었다. 골프는 자연과 가장 가까운 운동이라지만, 골프 웨어만큼은 지나치게 정형화돼 있는 듯싶다. 왜 꼭 칼라가 달린 셔츠에 조끼를 받쳐입어야 하는지, 왜 명문 골프장이라는 곳은 소매 없는 옷이나 반바지를 못 입게 하는지…. 여름이면 바지 밑단이 땀에 뒤엉켜 걷기도 힘든데 말이다. 그런 규제가 혹시 더 골프를 '가까이 하기엔 너무 먼 운동' 으로 만드는 것은 아닐까.

사실 비싼 옷 입고 매너 안 좋은 사람들 많이 봤고, 완벽하게 세트로 맞춰 입은 사람치고 골프 잘 치는 사람 못 봤다. 유명 브랜드 일색의 틀을 벗어던지고 개성을 맘껏 발휘할 수 있는 의상. 그럼으로써 골프 비용이 덜 부담스러워지는 분위기가 절실하다. 그러기 위해선 '있다' 는 골퍼들 스스로의 용기도 필요할 것이다.

내게는 언니가 직접 뜨개질해 선물한 빨간 모자가 있다. 털실에다 커다란 리본까지 달려 있어 쓸 엄두가 안 나는 '공포의 빨간 모자' 다. 빨간 털모자를 쓴 내 모습이 생각만 해도 우습지만 다음번 플레이 때는 그 '공포의 빨간 모자' 를 쓰고 나갈 용기를 한번 내 봐야겠다.

혼자 거닐기에는 너무 아까운

아는 글자라고는 '고' 자밖에 없는 세 살짜리 조카가 있다. 신문에 난 내 사진을 보고는 큰일이라도 난 듯 달려와 "여기 신문에 고모가 있어. 고모 맞지? 여기 봐. 이 밑에 이름이 '고…모' 라고 적혀 있잖아." 한다. 자기한테 고모라고, 신문에도 고모라고 적혀 있다고 생각하는 귀여운 아이이다.

가장 아름다운 풍경을 보게 되면 사랑하는 사람의 얼굴이 떠오른다는데, 나는 골프장의 아름다운 언덕들을 볼 때마다 꼭 이 조카 생각이 난다. 파란 잔디와 오리가 떠 있는 호수를 보여 주면 토끼처럼 깡총깡총 뛰며 얼마나 좋아할까.

혼자 즐기기엔 너무 재미있는 골프지만 그보다 더한 것은 혼자 거닐기엔 너무 아까운 '골프장' 이다. 골프를 접하지 않았더라면 나 역시 평생 밟아 보지도 못했을 파란 언덕과 아름다운 클럽 하우스. 그 골프장 풍경을 골프를 치지 않는 많은 사람들도 함께 즐길 수 있다면 정말 좋겠다는 생각을 종종 한다.

사실 골프장은 골퍼들에게는 황송할 정도로 친절하지만 그

외의 사람들에게는 접근하기 어려운 배타적인 장소인 것 같다. 골프장 근처에 살면서도 정문 너머 굽이굽이 펼쳐진 잔디 구경을 한 번도 못 해보는 사람들이 많다 하니 말이다.

그렇지만 내게는 따뜻한 인상으로 남아 있는 한 골프장이 있다. 취재차 방문했던 골프장이었는데 클럽 하우스 방방마다 중학생 정도 되는 학생들이 있었다. 겨울에 휴장 중인 시설을 그냥 놀리지 않고 아침저녁으로 근방 마을에 셔틀버스를 운행하고 도시락도 나눠 주며 독서실로 운영하고 있었던 것이다. 창 밖으로 코스의 소나무들이 시원하게 펼쳐진 환상적인 독서실. 그곳에선 볼이 빨간 미을 아이들과 유럽풍의 클럽 하우스가 어울려 따뜻한 풍경을 자아내고 있었다.

사실 골프장이 인접한 곳은 요양원이나 장애 복지 시설들이 유독 많다. 이 겨울, 골프장의 그 아름다운 풍경을 그들과 함께 나눌 수 있다면, 또 봄날 하루쯤 우리 조카처럼 어린아이들이 들어와 맘껏 뛰어놀 수 있다면 그곳은 세상에서 가장 빛나는 골프 코스가 될 것이다.

지난 세기에는 몰랐던 그것

"눈 좋아지기. 머리 좋아지기."

새해 벽두에 다짐한 내 생활의 목표이자 골프에서의 목표다. 눈이 나쁘면서도 안경과 콘택트렌즈를 싫어하는 나는, 덕분에 안 보이는 대로 대충대충 심지어 운전도 눈에 보이는 만큼만 해 크고 작은 접촉 사고도 많이 일으켰다. 필드에서도 마찬가지였다. 언덕 너머 벙커가 도사리건, 물이 흐르건 상관없이 눈에 보이는 만큼만 볼을 보내고 퍼팅 라인도 대충 읽어 안 들어가도 그만, 들어가 주면 '운' 이라 여기곤 했다.

하지만 보다 총명하고 정확한 생활을 위해 나는 조만간 눈 좋아지는 수술을 할 작정이다. 일단 눈이 좋아지면 아주 많은 것을 볼 수 있을 것이다. 퍼팅 라인을 귀신같이 읽어 내는 것은 물론이고 그 이면의 것들까지 모두 모두 볼 것이다. 볼을 찾아 산을 오르는 캐디 언니의 땀방울을 보고, 그게 내가 잘못 보낸 볼 때문이라는 사실도 보며, 이런 '퍼덕이' 를 위해 주는 동반자의 따뜻한 마음까지도 볼 것이다. 지난해에는 간과하고 넘어갔었던 모든 것을 다 볼 것이다.

'머리 좋아지기' 라는 목표 역시 지난해에 대한 뼈저린 반성에서 나온 것이다. 내가 정말 자신 있게 잘하는 일이 무엇인지를 파악 못하고 이 일 저 일 사이를 배회하며 결국 어느 하나도 제대로 이루지 못한 듯한 지난해. 필드에서도 마찬가지였다. 그 어느 채에서나 다 만능이 될 수 없을진대 나는 모든 채를 다 잘 다루기 위해 많은 시간을 소모했다. 내가 4번 아이언을 위해 얼마나 많은 시간과 땀을 흘렸던가.

하지만 새 세기에는 영리해지기로 했다. 한 번도 제대로 맞지 않아 괜히 가방만 무겁게 했던 4번 아이언을 과감히 접을 계획이다. 대신 내가 자신 있어 하는 페어웨이 우드 샷이나 일말의 가능성이 보였던 피칭 웨지 샷을 더욱 적극 연마할 계획이다. "모든 것을 다 잘할 수는 없다. 그러나 잘하는 한 가지 분야에서 최고가 되겠다."가 21세기의 정신 아니던가. 자신 없는 분야라고 검증되었다면 그를 접고 자신 있는 분야만을 더욱 계발하는 것! 비록 4번 아이언에서는 실패했지만, 나는 다른 페어웨이 우드 샷으로 롱 아이언에서의 실패를 보상받을 수 있을 것이다.

이렇게 목표를 세우고, 여기에 새로운 세기의 힘까지 실려 주니 무엇이든 다 할 수 있을 듯한 요즘이다. 골프도 지난 세기와는 달라 드라이버도 쳤다 하면 '붕붕' 페어웨이를 가르고, 퍼팅도 갖다 대기만 해도 쏙쏙 빨려 들어갈 듯하다. 무한한 가능성으로 마음이 부글부글 끓어오르고 손가락이 꿈틀거리는 요즘, 다만 눈 덮인 필드가 야속할 뿐이다.

그것이 맑고 평화로운 이유

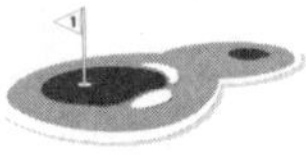

일단 접하면 헤어나지 못하는 것. 골프의 이런 중독성이 누구에게나 다 적용되는 것인 줄 알았다. 그런데 그렇지 않은 한 분을 보았다. 정년 퇴임을 한 교수님인데 강아지 사진을 보며 잠자리에 드시고, 건강 때문에 자제하라는 도넛을 사모님 몰래 사 드시는, 마치 소년처럼 맑은 분이다. 건축을 연구한 분이지만 건축보다 더 사랑한 평생의 연인이 있었으니, 바로 '미술' 이다. 미술 서적을 보며 좋은 그림을 스크랩하시고, 용돈을 모아 벼르고 별러 그림을 사시고, 거실에 걸어 둔 그 그림이 너무 좋아 발길을 옮기지 못하는 분.

그분도 한때 골프채를 잡아 본 적이 있다고 하셨다. 하지만 한 2년 정도 지났을까? 더 이상 골프를 치지 않게 되더라는 것이다. "어떻게 골프에 빠지지 않고 그만둘 수 있었어요?" 라고 묻자, "골프장 가서도 한 3, 4번 홀 정도만 지나면 이런 생각이 드는 거야. 겨우 이것밖에 못 쳤네. 언제 18홀을 다 돌고 집에 가나. 빨리 집에 가서 그림 그리고 싶은데…. 그래서 볼도 치는 둥 마는 둥

하게 되었어."라는 것이다. 그러면서 이런 말씀도 하셨다.

"비록 나는 골프를 그만두었지만 골프는 사람 마음을 참 맑게 해주는 운동이야. 골퍼들은 오로지 볼을 원하는 방향으로 보내야겠다는 생각밖에 안 하잖아. 내가 골프장 가서도 그림 생각만 하는 것처럼. 다른 어떤 잡념도 들지 않는다는 점에서 예술 하는 사람의 마음과 비슷하지."

또 '마음의 평화'를 지상 최고의 덕목으로 여기는 그분이 덧붙이기를, "영분아, 나는 골프가 맘에 드는 점이 한 가지 더 있는데, 그건 상대방을 '죽이지 않는 운동'이라는 점이야. 상대방을 쓰러뜨리기 위해서 때리거나 볼을 못 집어넣게 막거나 하지 않잖아."라고 하셨다.

상대방이 잘하면 잘하는 대로, 또 나는 나대로 즐기며 서로에게 상처 주지 않는 운동. 비록 골프를 치지 않는 분이지만 누구보다 더 깊게 골프의 덕목을 설명해 주실 수 있는 것은 그분의 삶이 그만큼 맑고 평화롭기 때문이리라.

사람 마음을 맑고 평화롭게 만드는 운동인 골프를 택한 것은 백번 생각해도 잘한 일이다. 이렇게 근사한 운동이라면 나는 평생 헤어나지 못해도 좋다.

솔직한 그녀에게 배운 점

시원시원한 외모만큼이나 솔직했다. 몇 달 전에 박지은 선수를 인터뷰한 일이 있었다. 프로가 돼서 처음 받은 상금으로 무엇을 했느냐는 질문을 했다. 당연히 "부모님께 드렸어요."라는 대답이 나올 줄 알았다. 그런데 웬걸?

"솔직히 말해도 돼죠? 저 그 돈으로 전부 쇼핑했어요."

또, 오랜만에 한국에 와서 뭐가 가장 인상적이었느냐고 물었다. 그랬더니 이번에는 "친구들하고 테크노댄스 춘 거요."라며 직접 테크노댄스까지 보여 주기도 했다. 그 솔직함에 당황스러우면서도 한편으로는 무척 명쾌하고 또 매력적이었다. 자신에 대한 믿음이 있으면 사람은 솔직하고 당당해질 수 있나 보다.

필드에서도 마찬가지였다. 박지은 선수는 티 샷을 한 후 망설임 없이 티를 뽑아 들었고, 자신감에 이글이글 타는 눈으로 퍼팅 라인을 쟀다. 잘하겠다는 마음이 그대로 그 큰 눈, 코, 입에 실려 있었다. 스스로를 못 믿는 내 모습과는 너무도 비교되었다.

나는 어떤가? 티 샷을 한 후에는 볼이 잘못 갈까 싶어 입으로

손가락이 먼저 간다. 그린에서는 "설마 내가 넣을 수 있을까?" 싶어 불안하게 눈동자가 떨린다. 더 솔직히 말하면 그런 표정을 미리 지음으로써 앞으로 일어날 사태를 조금이라도 무마하려는 것이었다. 또, 그런 자신 없음을 표현하면서 라이벌을 안도하게 만들려는 영악함도 약간 깔려 있었다.

하지만 이렇게 표정부터 자신 없는데, 볼인들 제대로 갈 리 없다. 그렇게 친 샷은 늘 미스 샷이나 홀을 비켜나기 일쑤였다.

올해에는 나도 변해야겠다. 솔직해져야겠다. 마음은 잘하고 싶은데, 밖으로 표출되는 모습은 미리 실수를 대비해서 자신 없는 모습으로 둔갑해 있을 필요가 없다. 마음이 그러하다면 티 샷을 한 후 거침없이 티를 뽑아 들고, 그린에서는 '반드시 넣는다'는 생각으로 홀을 노려봐야겠다. 형식이 내용을 규제한다는 면에서 볼 때, 나의 이 비장한 표정이 샷의 질도 바꿔 놓을 수 있을 것이다. 승부를 노리는 내 마음이 비록 라이벌 K언니에게 노출되더라도 말이다.

차라리 달콤한 고통

내가 활동하는 컴퓨터 통신 골프 동호회가 있다. 회원들간에 서로 있었던 일을 글로 주고받을 수 있는 곳이다. 오늘은 이제 막 골프를 시작했다는 친구가 이런 글을 올렸다.

"남들은 멀쩡하고 우아하게 잘도 하는데 난 왜 이럴까? 골프가 이렇게 고통스러운 줄 몰랐다. 파스를 덕지덕지 붙여 봐도 소용이 없고 온몸이 쑤셔 견딜 수가 없다. 누가 처방을 알면 좀 알려 달라."고. 글을 쓴 친구는 너무 고통스러워서 하소연할 데를 찾아 쓴 글인데, 나는 그 글을 읽으며 웃음이 나왔다.

내게도 그런 날이 있었다. 아마 머리 올리는 날을 잡아 두고였을 것이다. '뭔가를 보여 주겠다' 며 정말 열심히도 연습했었다. 너무 열심히 한 탓인지 옆구리가 저리기 시작하는데…. 잠잘 때 뒤척일 수도 없었고, 웃을 수도 없었다. 손가락 하나 까딱하기 힘들 정도로 고통스러워 레슨 프로에게 호소했다. 이렇게 아픈데 쉬어야 하는 것 아니냐고, 병원 가 봐야 하는 것 아니냐고. 그러면 레슨 프로는 되레 "치다 보면 나아요. 더 열심히 치세요."라고 대꾸했다. 아파 죽겠다는데 더 열심히 치라니…. 그때는 그것도 처방이라고 내려 주는 레슨 프로가 야속하기만 했다.

하지만 이제는 안다. 평생 한번 써 본 적이 없는 근육들을 꺼내 쓰려니 아픈 게 당연하다는 것을. 그리고 그것은 근육을 더 활발히 움직여 푸는 수밖에 없다는 것을. 아마 타이거 우즈도 처음 골프채를 잡았을 때는 이렇게 아팠을 것이다. 골퍼라면 누구나 받아들여야 할 '통과 의례' 라고 생각하면 그 통증은 자랑스러워질 수 있다. 통과 의례를 치르고 나면 어떤가? 그렇게 길들여진 근육은 이제 연습을 좀 게을리 한다 싶으면 오히려 저려 오는 지경이 되지 않았는가.

오늘 아침, 그 글을 쓴 친구에게 이런 이야기를 해주고 싶었다. 내가 그 친구처럼 아팠을 때 선배로부터 들은 얘기다. 지금 몸이 아픈 것은 앞으로 겪을 고통에 비하면 차라리 '달콤한 고통' 이라고. 골프가 내 마음을 몰라줘서, 치고 싶은데 마음껏 칠 수 없어서 겪을 그런 '마음의 고통' 에 비하면….

어설픔을 용서하지 않는다

마음은 H.O.T 문희준인데 몸은 최희준인 한 선배님이 계시다. 골프에 대한 열정은 용광로인데 몸이 열정을 따라 주지 않아 몇 년째 보기 플레이를 면치 못하는 분이다. 자전거 타이어를 장롱에 매달아 연습하기도 하고, 팔을 줄로 묶어 보기도 하고, 동네 뒷산에 그물을 걸어 두고 남몰래 지옥 훈련을 하기도 하는 분이다.

좋다는 연습 방법은 다 써 보는 그분이 얼마 전에 동원한 것은 안방 벽 도배였다. 벽에 큰 종이를 붙여 놓고 필드에서 돌아오기 무섭게 '오늘 내 스윙은 뭐가 문제였나' 를 한 가지씩 적어 놓은 것이다. 그래서 적어 놓은 주의 사항만 20여 가지. 왼팔로 오른 발등을 찍듯이 쭉 펼 것, 체중 이동을 위해 히프를 돌려 줄 것, 왼발로 벽 쌓을 것, 눈은 항상 임팩트를 지켜볼 것 등등…. 마치 식당 메뉴판을 방불케 하는 지켜야 할 사항들. 그리고는 필드나 연습장 나가기 전엔 꼭 메뉴판을 메모리하고 나가는 것이다.

문제는 거기에서 시작되었다. 주의 사항이 늘어날수록 좋아져야 할 스윙이 점점 더 꼬이기 시작한 것이다.

"어드레스를 한 다음에 안방 벽 메뉴판들을 떠올리면 그렇게 불안할 수가 없는 거야. 처음부터 끝까지 다 떠올려야 안심이 되는데 기억은 다 안 나지, 그러니 불안해서 스윙은 되다가 말지…."

그러기를 수개월. 이래선 안 되겠다 싶어 어느 순간부터는 나머지는 모두 잊고 딱 한 가지만을 떠올렸다고 한다. 채택된 것은 '백 스윙 천천히 끌기' 였다. 그런데 예상외로 그 복잡하던 스윙이 간결하고 리드미컬해진 것이다. 어설프게 아는 수십 가지 방법보다 확실한 한 가지 방법이 효과를 발휘한 것일까?

얼마 전 내게도 그런 일이 있었다. 답답한 마음에 레슨 프로를 만날 때마다 매번 새로운 질문을 해댔다. 하지만 질문이 늘어나고 유념할 게 많아질수록 스윙은 점점 복잡해져만 갔다. 그런 날이 계속되자 레슨 프로는 "영분 씨, 안 되겠어요. 어제 가르쳐 드린 것 다 소화하기 전에 더 이상 질문하지 마세요. 이 스윙 툭툭 끊기는 것 좀 봐." 했다. 한 가지도 제대로 모르면서 스무 가지를 적용하려 들자 몸이 말을 안 듣는 것이다. 어설픈 스무 가지 열정보다는 한 가지 깊고 꾸준한 열정에 더 관대한 것…. 골프는 마치 사람 같다.

가랑비에 옷은 안 젖는다

"하느님은 불공평하시구나."

며칠 전 한 분을 만난 후 든 생각이다. 그 골프 구력에 어쩌면 그럴 수가….

그분이 처음 골프채를 잡은 것은 불과 몇 년 전이라고 했다. 20년 직장을 그만둘까 고민하다가 '마음 붙일 대상'으로 찾은 것이 골프라고 하셨다.

그런데 골프채를 잡기가 무섭게 기록이 시작된 것이다. 채 1년이 되기 전에 싱글 핸디캡을 만들었고, 또 얼마 지나지 않아서는 언더 파까지 달성! 그것도 OB 두 번 낸 후 67타라는 기록으로….

거기까지 들은 나는 입이 딱 벌어졌다. 게다가 최근에는 프로골프 테스트에 응시해 단번에 자격을 따셨다고 한다. 부러움 반, 놀라움 반이면서도 속으로는 은근히 화가 났다. 하늘이 무심하였다. 어떻게 같은 기간 공을 들였는데 누구는 67타를 치게 하시고, 누구는 아직도 그 두배수를 왔다갔다하게 하시느냐 말이다.

부족한 내 운동 신경 탓도 해보았다.

하지만 곧 이어 그분의 '질풍노도 연습기' 가 이어지자 생각은 달라졌다. 비슷한 구력에도 불구하고 프로 골퍼가 된 분과 여전히 '더블 파' 를 기록하는 나의 차이점은 이랬다.

새벽 네 시 반에 그분은 연습장에 불을 켜고 들어설 때, 나는 잠을 자고 있었다. 오전 8시 그분이 온몸을 땀으로 적시며 여전히 연습하고 있을 때, 나는 그제서야 부스스 일어났다. 밤 10시 그분이 퇴근 후 다시 연습장에 가 칼을 갈고 있을 때, 나는 누워서 드라마를 보고 있었다. 어프로치 샷이 안 된다 싶을 때 그분은 볼 20박스를 내리 연습했고, 나는 겨우 스무 개쯤을 치다 말곤 했다.

정답은 거기에 있었다. '질풍노도' 는 짧은 기간에 확실히 골프를 집어삼키지만, '가랑비' 는 오래는 내려도 내린다 싶으면 마르고 마른다 싶으면 내리기만을 반복할 뿐이었다. '같은 구력에 아직 더블파' 는 하늘이 무심한 게 아니었다. 내 정성이 심하게 모자란 것이었다.

ET와 검지손가락

오른손 검지손가락이 저려서 한참을 주물렀다. 하루 종일 컴퓨터 앞에 앉아 있었기 때문이다. 수시간 동안 움직인 부위라고는 마우스 클릭하느라 까딱거린 오른손 검지가 유일할 뿐이다.

20년 전 영화에서 본 'ET' 의 모습이 떠올랐다. 다리는 짧고, 머리는 식빵만큼 크고, 검지손가락이 엄청나게 긴 외계인. 사실은 지구인의 미래 모습일지도 모른다는 생각이 들었다. 머지않아 나도 ET의 모습이 될 듯하다. 머리 쓸 일은 점점 많아져 커져만 가고, 컴퓨터 앞에만 앉아 있으니 다리는 짧아지고, 클릭하느라 오른손 검지는 자꾸 길어지고….

내 머리와 다리와 검지가 모여 대책 회의를 했다.

"이러다가 우리 주인 ET 되겠다. 사용하는 부위는 계속 커지고, 안 쓰는 부위는 퇴화한다던데. 다른 운동이 시급해. 어떤 운동이 좋을까?"

고민 끝에 답이 나왔다. 처방책은 '골프' 였다. 머리가 좋아했다.

"그게 좋겠다. 헤드 업하면 안 되고, 또 생각이 너무 깊어도 힘이 들어가서 안 되니까. 난 골프를 하면 좀 쉴 수 있잖아."

다리도 거들었다.

"의자에 쪼그리고 붙어 있기도 지쳤어. 골프를 치면 10km쯤은 힘든 줄 모르고 걸을 수 있잖아. 다리 짧아질 일도 없을 거야."

가장 반가워한 것은 클릭하느라 지쳐 있던 오른손 검지였다.

"와, 나도 쉴 수 있겠네. 그립 잡을 때 오른손 검지에 힘주면 샷에 힘 들어가니까 안 쓰잖아. 내 친구 새끼손가락도 좋아할 거야. 컴퓨터 앞에서는 거의 무용지물이라고 불평했는데. 하지만 그립 잡을 때는 새끼손가락에 힘이 없으면 안 되잖아. 골프는 참 미래지향적인 운동이구나. 주인이 빨리 우리를 필드로 데려갔으면 좋겠다."

컴퓨터로 지친 몸의 아우성. 너도나도 모니터 앞에 앉아야만 하는 이때, 이를 상쇄할 수 있는 운동으로는 골프보다 더 좋은 게 없다는 생각이 들었다. 바람결에 봄은 실려 오고, 컴퓨터 앞에서 찌든 내 몸을 필드로 데려가야겠다.

그래서 나는 이번 주말, 새 밀레니엄의 첫 플레이를 부킹해 놨다.

겨울방학은 지나갔다

방학은 끝났다. 방학이 끝나고 교문에 들어서는 아이들의 표정은 가지각색이다. 숙제를 다 하지 못해 불안 초조한 아이, 좋아하는 남학생을 다시 볼 수 있어서 마냥 들뜨기만 하는 아이….

방학을 마치고 첫 필드에 나서는 내 마음은 그 둘을 합쳐 놓은 듯했다. 석 달이 넘도록 연습은 하나도 안 해 내심 불안했지만, 그리워하던 필드를 다시 밟을 수 있다는 사실에 마음이 두근두근 뛰었다.

첫 티잉 그라운드에 오르니 얼마나 좋던지. 익숙한 풀 냄새, 바람 냄새, 흙 냄새…. 겨우내 얼마나 그리워하던 내음이고 풍경인지 모른다.

하지만 필드를 만난 기쁨도 잠시, '방학 숙제' 를 하지 않은 학생의 최후를 보는 듯한 플레이가 펼쳐졌다. 다리는 힘없이 무너졌으며 어깨는 땅으로 곤두박질했다. 그립은 어수룩했고 헤드업은 다반사였다. 뒤땅보다는 토핑이 낫다던데…. 토핑도 없이 땅에 한번 인사하고 볼 맞추는 뒤땅 샷 일색이었다. 내 자신이 창

피하고 동반자들에게 미안하여 식은땀이 났다. 서둘러 이유를 댔다. "그 동안 너무 바빠서요. 석 달 동안 연습장 근처에도 못 갔어요." 라고.

나의 무안함과 동반자들의 이해를 바라고 댄 핑계였지만 그 말이 떨어지기 무섭게 상태는 더 악화됐다. 마치 석 달 동안 연습 안 한 것을 증명이라도 해 보이겠다는 듯한 플레이가 펼쳐진 것이다.

올 시즌 나의 첫 필드행은 내 핑계에 내가 말려들어 그렇게 끝나고 말았다. 방학 숙제를 안 해 왔다면 입 다물고 가만히 있어야 하는데, 불안한 마음에 괜히 먼저 내뱉었다가 친구들에게 게으른 아이로 인식되고, 자신만 더 초라해졌다.

특히 자신이 내뱉은 대로, 자신이 마음먹은 대로 흘러가는 게 골프라면 겨울방학의 게으름을 소리내어 말하지 말아야겠다. 지난겨울 핑계대지 말고 밝고 씩씩하게 다시 새 학기를 맞으면 되는 것이다. 다시 열심히 하면 될 것 아닌가.

속이 바싹 타 들어간 이유

내게는 간간이 골프용품 광고 문안을 써 달라는 요청이 들어오곤 한다. 며칠 전 한 골프채 회사에서 받은 일도 그러했다.

그 드라이버의 광고 문안을 쓰기 위해 나는 제작 원리를 설명 받았다. 세상에 이보다 더 완벽한 채는 없을 듯했다. 비거리를 대폭 증대시켜 주고, 임팩트시 클럽을 잘 빠져 나가게 해주며, 게다가 슬라이스를 잡는 데는 그만이게 만들어진 드라이버. 특수 설계로 슬라이스를 잡아 준다는 그 대목은 나 같은 슬라이스 전문가에게는 솔깃한 부분이었다.

제작 원리상으로 그 채는 분명 '대단한 채' 였다. 그 채만 있으면 필드를 평정하는 것은 문제없을 듯했다. 채 설명을 들을수록 나는 기가 차고 한숨이 쏟아졌다. 왜냐하면 그 '대단한 채' 와 똑같은 채가 이미 내 골프 가방 속에 들어 있었기 때문이다. 작년에 한 행사에서 운 좋게 경품으로 받은 채다. 경품으로 받아서 그 채의 좋은 점을 미처 알지 못했는데…. 슬라이스 잡는 데 귀신이라는 그 채를 나는 어떻게 쓰고 있었나.

며칠 전 플레이만 봐도 그렇다. 18개 홀 중 한두 홀을 빼놓고는 전부 슬라이스를 냈고, 오른쪽 산등성이를 타느라 정신없던 기억이 날 뿐이다. 임팩트 때 잘 빠져 나가기는커녕 땅에 곤두박질하기 일쑤였다. 이 세상에 골프채만큼 '제작 원리 따로, 실제 따로' 인 상품이 또 있을까?

내가 아는 한 프로 골퍼가 있다. 그분의 골프 가방 속에는 보기에도 무척 낡은 페어웨이 우드가 있다. 13년째 애용하는 낡은 우드였다. 한 타 한 타가 중요한 프로 골퍼에게 최신 병기의 유혹이 없을 리 만무하겠지만, 그분은 그 채만을 고집하며 통산 7승을 일궈 냈다. 13년 낡은 채를 가지고도 우승을 일궈 내는 그분과 최신 병기를 가지고도 아직도 필드에서 김을 매고 다니는 나. 목수에게 가장 중요한 것은 역시 연장이 아닌가 보다.

그 훌륭한 제작 원리를 따라 주지 않는 내 골프가 안타까워 그날 내 속은 바싹바싹 타 들어갔다.

골프 시간 약속은 원초적 매너

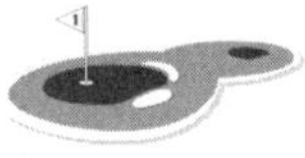

오히려 옆에 탄 사람이 답답할 정도로 자동차를 너무 점잖게 운전하는 분이 있다. 그런데 이 거북이 신사분이 얼마 전에는 피 끓는 카 레이서로 변모한 일이 있었다고 한다. 골프장에 가기 위해 집을 나선 지 40분 정도가 지나서야 골프채를 챙기지 않은 것을 깨달은 것이다. 다시 채를 챙겨 골프장으로 향하는 도로에서 그분은 10년 동안 저지를 불법을 한꺼번에 다 저지르는 듯 아슬아슬한 운전을 했다고 한다. '본인 사망시를 제외하고는 꼭 지켜야 하는 것이 골프 약속' 이라는 원초적 매너 앞에서 위험을 무릅쓴 운전을 하게 된 것이다. 골프에서의 시간 엄수는 너무도 기본적인 항목이다.

하지만 얼마 전 나는 이 원초적 매너를 어겼다. 길눈도 밝고 시간 단축하며 운전하는 것에 자신이 있었던 나는 약간 빠듯하게 출발했다. 늘 그렇게 떠났어도 늦은 적이 없었는데…. 하지만 초행길, 한 곳에서 30분 동안 정체돼 있다 보니 이미 내 정신이 아니었다. 10초 간격으로 시계를 보며 발을 동동 구르다가 '차라리 옆 산비탈로 새서 산을 넘어가 볼까. 이게 오토바이였으면 얼마나 좋을까.' 라는 생각을 수없이 하고, 내 앞을 가로막고 있는 차들이 원망스러워 이유 없이 노려보기도 했다.

결국 나는 5분 늦게 티잉 그라운드에 올랐다. 하늘같은 선배들은 기다림에 지쳐 이미 티 오프를 한 상태였고 뒷팀의 볼을 피해 허겁지겁 2번 홀로 달려가 참여할 수 있었다. 문제는 그 다음부터였다. 그렇게 허겁지겁 치는 볼이 잘 맞을 리 없었다. 지각을 상쇄하기 위해 연습 스윙도 거르고 샷을 해댔고 다른 사람이 샷할 동안 구석에서 눈치 보며 연습 스윙을 해야 했고 다음 홀로 이동하는 동안 선 그림을 발라야 했다.

하지만 평정을 잃은 것이 어찌 나뿐이랴. 기다리면서 계속 내게 핸드폰을 걸어 보고, 티잉 그라운드에서도 이제나 오려나 뒤돌아보고 안쓰러운 마음을 안고 먼저 티 오프하고, 뒤늦게 도착한 나를 안심시키느라 더 분주한 선배들….

티 타임은 골프장에 도착하는 시간이 아니라고 한다. 티 오프 시간 45분 전에 도착해 옷 갈아입는 데 10분, 동반자들과 인사하고 커피 마시는 데 15분, 몸 푸는 데 10분, 티에 나가 순서 기다리는 데 10분을 써야 한다는 것이다. 모든 일에는 그 영혼이 따라올 시간이 필요하다던데…. 그 시간 45분을 챙기지 못해 다섯 시간 플레이 내내 내 마음은 도로 위에서처럼 발을 동동 구르고 있었다.

세번째 글

골프는 영원히 어려워질 수밖에 없다(?)

"언니, 저는 소원이 있어요. 제 남편과 함께 골프장에 나가 보는 거예요. 월급을 아끼면 어떻게 중고 채까지는 장만하겠지만……그 다음이 너무 싫을 것 같아요. 채만 사 놓고 골프장에 못 가게 될까 봐. 채만 바라보고 있어야 한다면 얼마나 내 자신이 초라해지겠어요."

골퍼를 남편으로 둔 아내들의 목소리이기도 하며, 아직 골프를 시작하지 않은 남편들의 마음이기도 할 것 같다. 골프채까지는 어떻게 장만해 보겠지만 어떻게 그 뒷감당을 할 수 있을까 해서 쉽게 골프를 시작하지 못하는 사람들은 의외로 많다.

또, 글 하나를 두고 독자의 시선은 너무도 다르다. 아줌마 골퍼 이야기를 쓰면 골프를 치는 여성들로부터 우리 이야기를 대신 해줘서 고맙다는 메일을 받기도 하지만, 한편으로는 적은 월급으로 하루하루 힘겹게 살아가는 아내 생각이 나서 아줌마 골퍼 이야기를 읽으면 철학적이 된다는 메일도 받는다. 이런 메일을 받으면 내가 쓰는 글이 누군가에게 상처가 되는 것 같아 조심스러워진다.

미국에서도 골프를 하는 사람과 하지 않는 사람간에 이렇게 정서적인 갭이 생기는 것일까? 한 가지 운동을 두고 소외감을 느껴야 한다면 분명 잘못된 것

세번째 글

이다. 비싼 세금에 비싼 골프장, 비싼 채……. 바뀌어야 할 것들은 너무 많다. 하지만 가장 우선되어야 할 것은 골퍼들의 인식 변화이다. 기존의 골퍼들이 골프를 계속 어렵게 대하는 이상, 골프는 영원히 힘겨운 스포츠가 될 수밖에 없다는 생각이다. 크게 공감하는 독자의 메일이 있어 여기 소개한다.

"업무상 해외 출장이 잦은 관계로 해외 골프를 많이 경험해 보았습니다. 국내에 들어오니 라운드가 쉽지 않더군요. 꽉 박혀 있는 사정이야 어쩔 수 없다지만, 우리의 노력으로 꼭 바꿔 볼 수 있는 부분에 대해 생각해 보았습니다.

첫째, 우리 나라 골프장에서는 왜 그리도 의상에 신경 써야만 할까요? 면티에 면바지(특히 남자의 경우 반바지 착용 불가)가 우습게 보여야 하는지, 왜 값비싼 의상들을 그렇게들 밝히는지 모르겠습니다.

둘째, 장비가 고가여야만 행세할 수 있는 건가요? 골프 선진국에서도 볼 수 없는 기이한 현상이에요.

셋째, 왜 골프장 갈 때는 고급 승용차를 타야만 할까요? 티코, 봉고, 오토바이 타고 씩씩하게 갈 수 있는 분위기가 부럽습니다.

넷째, 라운드 후에 꼭 사우나 해야만 하나요? 하기 싫으면 안 하고 그만큼 그린피 싸게 내면 인 되나요?

다섯째, 골프장에서 만나는 낯선 사람들끼리도 웃는 낯으로 대하면 안 되나요? 왜 그리 인상을 쓰면서 무게들을 잡는지 모르겠어요."

젊은 골퍼들이 바꿔 봅시다. 골프는 정말 재미있고 매력적인 운동이잖아요. 대중화시켜야 해요. 누구나 골프채만 있으면 쉽게 즐길 수 있도록 우리가 바꿔나가 보자구요.

미꾸라지 한 마리

나는 가끔 상처받는다. 볼이 뜻대로 맞지 않아서이기도 하지만, 골프장 라커룸에서도 상처를 받곤 한다. 나와 친한 줄 알았던 골프가 어쩌면 나와는 안 어울리는 스포츠일지도 모른다는 생각 때문이다.

나는 엄두도 못 낼 고가 브랜드를 머리에서 발끝까지 휘휘 감은 사람을 라커룸에서 만난 날, 그늘집에서 식사하는 것도 주춤거렸던 나로서는 화도 나고 소외감도 느껴진다.

의기소침해 하는 내게 한 선배께서 조언했다.

"스트레스 받지 마세요. 불과 몇 년 전만 해도 돈을 한꺼번에 많이 번 사람들이 발산을 골프로 하려는 경향이 많았지만 이제는 그렇지 않아요. 돈 자랑하러 골프장에 오는 사람들, 더 이상 부러움의 대상이 아니죠. 요즘 골프장에서도 그런 골퍼들 알게 모르게 따돌림당하거든요. 그런 것에 스트레스 받으면 같은 부류가 되고 마는 거예요."

맞는 말이다. 내 주위의 동료나 선배들은 몇 주를 벼르고 별러 소풍 오는 기분으로 골프장으로 향하고, 또 몇 달을 고민한 끝에 드라이버 하나를 장만하는 소박한 골퍼들이 대부분이다. 그저 골프가 좋아서 즐길 뿐이지 돈 자랑을 하기 위해 골프를 치는 사람은 없다.

며칠 전 한 캐디 아가씨로부터 그날 만난 여자 손님에 대해 들었다. 골프채 헤드 커버를 밍크로 만들어 씌웠다 했더니만, 아니나 다를까 티 샷 하기 전에 반지와 시계를 빼 주며 이렇게 말하더라는 것이다. 합하면 2억 원어치니까 조심해서 간수해 달라고. 그 캐디 아가씨는 그 손님이 부럽기는커녕 한심하고 짜증나는 손님이라고 딱 잘라 말했다.

"대체 그 비싼 걸 왜 골프장에 하고 오는 거죠? 18홀 내내 시계에 신경 쓰느라고 일도 손에 안 잡히게. 제가 그 손님 얄미워서 거리도 대충 봐 주고 클럽 선택도 그냥 집히는 대로 해준 거 있죠?"

캐디 아가씨의 말이 귀여워 한참을 웃었다.

한 마리 미꾸라지가 온 우물을 흐려 놓듯 백 명 중 한 명일지도 모르는 그런 사람 때문에 골프가 매도되어서는 안 될 것이다. 그런 사람에 비해 골프장 한번 가는 것을 생활의 낙으로 알며, 쪼개고 쪼개 골프를 즐기는 소박한 골퍼가 훨씬 더 많기 때문이다

콩쥐의 오기

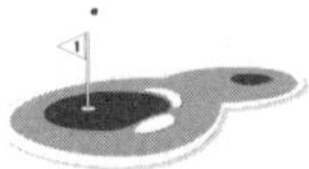

밑 빠진 독에 물 붓던 콩쥐의 심정이 이랬을까? 필드행을 앞두고 연습장을 찾은 나는 씩씩거릴 수밖에 없었다. 솔직히 내가 겨울 동안 채를 놀린 것은 인정한다. 그렇기 때문에 더 나아지는 것까지는 바라지도 않았다. 하지만 그 전에 닦아 놓은 기본기는 되살아나야 하는 것 아닌가?

마치 처음 골프채를 잡은 사람처럼 허우적거리고 있는 모습에 스스로 화가 났다. '내가 골프에 공들인 만큼 책을 썼으면 책이 몇 권이었고, 영어 회화를 익혔으면 미국인 뺨을 치고 있었을 거다.' 라는 생각이 들며 아무리 공들여도 나아질 기미가 안 보이는 골프를 포기하고 싶었다.

골프를 포기한 한 중년 신사의 이야기가 떠올랐다. 몇 명이 모여 한 클래스로 이루어지는 골프 교실이었는데, 유독 그 레슨 과정에 취미를 못 붙이던 신사였다고 한다. 열심히는 하는 것 같은데 좀처럼 실력이 늘지 않던 그 신사는 어느 날 조용히 티칭 프로를 찾아왔단다. 골프 레슨을 그만두겠다고 말하러 온 그 신사의 손에는 책 몇 권이 들려 있었다.

"자존심이 상해요. 제가 모자란 사람이 아닌가 생각이 들어서 더는 괴로워서 못 치겠어요. 저는 그렇게 모자란 사람이 아니거든요. 보세요. 이건 제가 집필한 책들이라구요."

평생 남한테 져 본 적 없고, 뜻한 것은 모두 이루며 살아온 그 신사의 자존심이 상처를 입은 것이다. 골프만 못 칠 뿐이지 다른 것은 다 잘한다는 말을 남기며 그 신사는 레슨 교실을 떠났다고 한다. 그것이 내가 들은 유일한 포기의 예이다. 한 재벌 그룹 회장님도 그랬다 하지 않는가? 살아생전 힘과 돈으로 해결 안 되는 것은 자식 농사와 골프뿐이었다고. 해도 해도 끝이 보이지 않고, 그것을 아무도 대신 해결해 줄 수 없는 골프. 그 때문에 골프 앞에서는 포기, 아니면 오기가 있을 뿐인가 보다.

하지만 내 주위에는 포기하는 사람보다 이 악물고 치는 사람이 훨씬 많다. 그것이 더 즐겁기 때문이다. 나 역시 포기를 오기로 고쳐먹으며 연습장을 나섰다. 포기하기에는 지금까지 내가 쏟은 공과 손때 묻은 골프채가 너무 아깝고, 또 이글도 아직 안 잡아 봤고…. 내가 이루지 못한 것이 너무 많기 때문이다.

독을 대신 받쳐 줄 두꺼비도 없고 포기도 싫다면 남은 것은 하나다. 물 빠지는 속도보다 더 열심히 물을 퍼붓는 콩쥐의 오기만이 있을 뿐이다.

알면서도 못하는 것

내가 자주 가는 골프장이 있다. 자주 가다 보니 홀마다 나름대로의 이름이 붙여졌고 꼭 이름대로 플레이가 펼쳐지곤 한다.

오뎅 홀. 티 샷 하기 전에 맛있는 어묵을 파는 홀이다. 그 홀에서는 꼭 어묵을 먹어야 힘이 난다. 그냥 지나치면 남은 홀을 대충대충 치는 느낌이다.

아리랑고개 홀. 경사가 심해 고개 오르는 느낌을 주는 오르막 파 3홀이다. 고개 꼭대기에 볼을 올려야 한다는 부담 때문인지 제대로 티 샷이 온 그린 된 적이 없다.

그리고 OB 홀. 그렇게 어려운 홀도 아닌데, 꼭 그 홀에만 서면 OB를 내기 때문이다. 아무리 스윙을 바꾸고 방향을 돌려서 봐도 소용없었다. 지금까지 계곡으로 굴려 보낸 볼만 해도 족히 몇 박스는 될 것이다. 문제는 그 OB 홀에서 시작되었다.

며칠 전 골프장에서 주최한 골프 대회에 참석했다. 난생 처음 PGA 룰에 입각해 엄격한 경기를 치르게 된 것이다. 한 타 한 타가 중요한지라 OB 홀 티잉 그라운드에 오르면서는 '절대 OB를 내지 말아야겠다' 는 생각뿐이었다. 머릿속을 온통 OB에 대한 경계로 가득 채우고 오른 그 티잉 그라운드. 그러나 놀랍게도 그 홀에서 무려 세 번의 OB를 내고 말았다. '혹시나' 했던 기대가 '역시나' 로 끝나는 순간. 징크스 홀에 대한 참담한 패배였다.

그리고 9홀짜리 코스라 후반 9홀에서 다시 그 OB 홀의 티잉 그라운드에 올랐다. 그런데 웬일인가? 이번에는 볼이 정확히 페어웨이를 가로지르는 게 아닌가? OB 하나쯤은 늘 각오하는 홀이었는데 이상했다. 어떻게 그 좋은 샷을 얻어 낼 수 있었나를 생각해 보니 이번에는 OB를 떠올리지 않았다는 것이 달랐다. 그늘집에서 식사를 늦게 마치고 바쁘게 티잉 그라운드에 오르고서는 바로 스윙을 한 것이다.

골프에 도사리는 보이지 않는 마력, 징크스…. 그날 징크스를 깰 수 있는 답을 얻었다. '그러지 말아야지, 말아야지' 생각하면 '보란 듯이 그렇게 되고 마는 것' 이 징크스라는 것이다. 그렇다면 아예 아무 생각을 말고 마음을 비워 버리면 되는 것이다.

하지만 어떻게 하면 마음을 비워 낼 수 있는 것인지…. 방법은 알았지만 실행하기란 쉽지 않을 것 같다.

퍼팅은 잘하시네요

며칠 전 한 골프 대회에서 있었던 일이다. 분명 네 명으로 출발한 여자 팀이 전반 몇 홀이 지나자 세 명으로 줄어 있었다. 집안에 급한 일이 있어서 한 분이 빠진 것이냐고 묻자 "아니에요. 스코어 계산이 잘못됐다고 화내더니 그냥 집으로 가 버렸어요." 하는 것이었다. 트리플 보기냐, 더블 보기냐를 두고 다른 팀원과 실랑이를 벌이다가 더 이상 못 치겠다면서 경기를 그만둔 것이다. 좋은 일도 많이 하고 사회적으로 덕망 있는 분이었는데 스코어 한 점 때문에 토라져서 짐을 싸 버리다니….

이 점이 내가 느끼는 또 하나의 '골프 스트레스'다. 평소엔 양처럼 순하고 선비처럼 점잖은 사람도 골프채만 잡으면 왜 그렇게 히스테릭해질까. "내가 혹시 이 말을 하는 게 상대방의 심기를 불편하게 하는 것은 아닐까?" 하고 매번 조심스러워야 하기 때문일 게다.

티 샷한 볼이 어디로 날아가는지 못 보고 그저 습관처럼

"굿 샷!"을 외치다가 낭패를 본 적도 여러 번 있다. 볼의 방향이 틀어져 OB가 나거나 벙커에 빠져 버리면 "굿 샷!"이라고 외친 게 본의 아니게 비아냥거린 꼴이 돼 버리기 때문이다.

나 역시 마찬가지다. 평소엔 둔감할 정도의 성격인데도 필드에만 가면 어느새 히스테릭한 여인이 되어 있기 때문이다. "퍼팅 잘 하시네요."라는 말은 그냥 넘기지만 "퍼팅은 잘하시네요."라는 말은 "퍼팅 빼고 다른 샷은 형편없군."으로 해석하며 씩씩거리기 일쑤이니 말이다.

거슬러 올라가 보면 처음부터 그랬던 것은 아니다. 시간이 흐르면서 골프 선배들로부터 '이런 이런 말에는 화내는 것임'을 은연중에 답습한 결과이기도 하다.

바깥 세상에서 들었으면 아무렇지도 않았을 말을 골프장 안에서 들으면 토씨 하나에도 민감해하는 것. 골프를 잘 치겠다는 욕심이 그렇게 골퍼들을 민감하게 하는 것일까?

골프는 사람의 심리를 테스트하는 '리트머스 지' 같다. 하지만 그 리트머스 지가 너무 민감하게 반응해 때로는 골프 치기가 부담스럽다. 어차피 즐기자고 하는 운동인데 말이다.

이런 내기는 자신 있다

난생 처음 골프 치면서 '내기'를 해보았다. 해봤다고 말하기에는 너무 짧게 끝나 버리고 말았지만….

실력이 실력인지라 아무도 내기를 제안하지 않았는데, 그날은 동반자가 내 실력을 인정했는지 내기를 해보자고 하는 게 아닌가? 나도 이제 내기할 실력이 되었나 보다 하여 흥분해서 임했다. 그런데 웬걸? "내기하자."라는 말이 떨어지기 무섭게 그 전까지 나름대로 부드럽던 스윙이 무섭게 경직되기 시작했다. 철커덕, 철커덕…. 마치 로봇 스윙을 방불케 했다. 라이벌은 안 되겠던지 그만 할 테니 몸 좀 풀라며 내기를 철회했다. 나의 첫 내기는 시작된 지 두 홀 만에 그렇게 우스꽝스럽게 끝나고 말았다.

이렇게 힘이 들어가는데 어떻게 골프 치면서 내기들을 하는지…. 그린피도 부담스러운데, 거기에 내기 돈까지 겹쳐지고 몸에 힘까지 들어가는데 말이다. 그러나 내기 없이 무슨 재미로 골프를 치냐는 게 중론이다. 특히 여자에 비해 남자들의 내기는 사뭇 판도 크고 심각하기까지 하다.

남자들이 내기를 좋아하는 이유…. 남자는 여자보다 정서적, 감정적인 행복을 느끼는 데 둔감하기 때문에 객관적인 수치나 사실에서 행복감을 느끼기 때문이라고 한다.

그렇다고 모두 내기를 즐기는 것은 아니다. 내가 아는 분은 주스 한 잔 내기도 안 하신다. 내기를 하면서 생기는 심리적 부담 때문에 자신의 골프가 흔들리기 때문이란다. 자신만의 골프를 견고하게 지켜 나가고 싶어하는 분이다.

이런 내기도 있다. 10년이 넘게 내기 골프를 친 중년의 친구들…. 남의 돈을 따고 받고 하는 것이 무의미해져 이제는 내기 종목을 바꾸었다고 한다. 네 명 중 꼴찌 한 사람이 나머지 세 명 목욕시켜 주기로. 요즘 하는 그 내기가 그렇게 재미있단다.

또, 내가 들은 가장 아름다운 내기는 노부부의 내기였다. "내가 아니면 저 할머니를 누가 데리고 다녀 주누?" 하시며 노사장님은 꼭 필드에 사모님을 동반하신다. 그 노부부 사이의 내기는 다름 아닌 진 사람이 저녁 식사 설거지하기. 노사장님은 연속 네 번째 설거지를 도맡아 한다면서 투덜거리셨지만 참 아름다워 보였다.

등 밀어 주기 내기, 설거지 내기…. 그 정도 내기라면 나도 스윙에 힘 들어가지 않고 할 자신이 있다.

사진 몇 장에서 깨달은 점

TV가 내 눈을 너무 높게 만든 것일까? 박세리의 완벽한 피니시와 애니카 소렌스탐의 콤팩트한 스윙을 너무 많이 봐 온 나는 내 스윙도 당연히 그러하리라고 생각했다. 연습장 앞타석 아주머니를 보며 "어쩌면 스윙 폼이 저렇게 우스울까? 저 아주머니는 거울도 안 보시나 봐."라는 생각도 자주 했다. 그리고 나는 단지 약간의 핀트가 안 맞아서 그럴 뿐 '폼만은 싱글' 일 것이라고 굳게 믿고 있었다.

그러나 나의 그 화려한 착각은 몇 장의 사진으로 깨어지고 말았다. 얼마 전 한 골프 대회에서 찍힌 사진이 현상되어 나온 것이다. 스윙 연속 장면이 찍힌 세 장의 사진…. 스스로 아름다운 스윙이라 굳게 믿고 있던 내게는 충격이었다. 어정쩡한 어드레스에, 임팩트 순간에는 눈을 질끈 감고, 얼마나 힘을 주고 치는지 온 인상을 구기고 이를 악문 표정. 또, 머리 위로 휙 치켜 올라가 하늘을 찌르게 생긴 피니시가 있을 뿐 내가 생각하던 박세리의 완벽한 피니시는 어디에도 없었다. 가히 가관이었다. 자기 스윙을 비디오로 찍어 보면 아마 십중팔구는 골프 할 맛을 잃을 것이라더니…. 그 말이 딱 맞았다.

이것은 단지 TV 탓만은 아닐 것이다. 비기너를 벗어나고 얼마 되지 않아서 생긴 '나는 완벽하다' 라는 생각. 골퍼들 대부분에게 자리잡고 있는 자아도취다.

어제 머리 얹고 와서는 다른 사람을 레슨하려 든다거나, 채 탓을 자주하는 사람들…. 혹은 코스에 대한 불평을 하고, 동반자를 탓하는 사람들…. 모두 나는 완벽한데 다만 몇 가지 환경이 따라 주지 않아서라고 생각하곤 한다.

나는 이번에 몇 장의 사진으로 깨달았다. 내 스코어가 그 모양인 것은 날씨 탓도, 동반자 탓도 아니었다. 모두 내 탓이었다. 처음으로 자신을 들여다보고 나서야 나는 내 스코어의 답을 얻었다.

너를 믿는다

내게는 너무도 믿음직스러운 드라이버가 있다. 연습장에서 주위 사람들 보란 듯이 자랑스럽게 꺼내 들던 드라이버였다. 나로 하여금 존 데일리가 아닌 '고 데일리' 라는 찬사를 듣게 해주던 녀석이다.

요즘 그 드라이버가 찬밥이 되었다. 최근 몇 개월 동안의 라운드에서 번번이 낭패를 보았기 때문이다. 얼마 전 라운드에서도 90% 이상 악성 슬라이스를 내고 말았다. 예전 같으면 제아무리 좋은 채라도 눈길 한번 안 주던 나였는데….

상황이 이쯤 되니 신종 드라이버 하나로 눈길이 간다. 기준 이상으로 거리가 나서 대회에선 공식적으로 사용할 수 없다는 소문이 난 드라이버다. 그 소문을 들어서 그런지 몰라도 제품 사진만 봐도 탐이 난다. 나를 단숨에 230야드로 이끌어 줄 것 같다.

마음이 이쯤 되면 안 사고는 못 배길텐데 그래도 내 채를 지키고 있는 데는 이유가 있다. 얇은 주머니 사정, 그리고 지금은 찬밥이지만 언젠가 내 드라이버가 다시 빛을 발해 줄 것에 대한 강력한 믿음 때문이다.

내가 아는 노부인이 계시다. 노부인은 먹감나무 드라이버를 쓰신다. 젊은 시절에 구입한 것인데 당시에는 선풍적인 인기를 끌던 것이었다고 한다. 그래도 그렇지, 요즘 좋은 채가 얼마나 많이 나왔는데, 여건도 되면서 왜 그 채만 고집하시냐고 물었다. 노부인 왈, 그 감나무 채가 가장 잘 맞아 주었던 시절의 화려한 추억 때문이란다. 그 기억 때문인지 웬만한 다른 채에는 믿음이 안 간다는 것이다. 그날, 따박따박 치는 그 노부인의 골프가 신제품으로 휘휘 감은 나보다 스무 타는 앞서 나갔던 듯하다.

골프 백화점이 가장 성황을 이루는 시간은 일요일, 그것도 셔터 내리기 바로 전인 오후 7시대라고 한다. 십중팔구 그날 필드에서 엄청나게 미스 샷을 낸 사람들이 허겁지겁 달려오는 것이다. 막대한 손해(?)를 보고 홧김에 와서 얼떨결에 그냥 잘 맞는다는 채를 사 간단다. 그런 손님은 또 얼마 지나지 않아 다른 채를 사려고 다시 온다고 한다.

비록 잠시 흔들렸지만 난 지금의 드라이버를 굳게 믿기로 했다. 내가 이렇게 믿고 있으니 그 녀석도 분명 할머니가 된 나를 따박따박 이끌어 주겠지….

아줌마 골퍼

골프를 무척 좋아하는 한 주부에게 고민이 생겼다. 고등학교 다니는 딸이 갑자기 학교를 중퇴하겠다는 것 때문이었다. 공부도 잘하는 아이인데 왜 그럴까 하며 이유를 물어 보니 '기부금'을 못 내서 학교에 못 가겠다는 것이다. 같은 반의 라이벌인 아이는 엄마가 학교에 기부금을 내서 실기 성적이 좋게 나오고, 고작해야 1년에 한두 번 음료수 내는 것이 고작인 엄마 때문에 자기는 아무리 열심히 해도 실기 성적에서 마이너스를 당한다고 생각한다는 것이다. '내가 골프를 그만두더라도 기부금을 내야 하나?' 골프를 중년의 낙으로 알던 그 주부는 고민할 수밖에 없었다. 그래서 이 좋은 날, 필드에 나갈 엄두도 못 내고 시험 공부하는 딸의 뒤꼭지만 애처롭게 바라보고 있다고 토로했다. 비싼 옷, 비싼 채로 휘휘 감은 사모님들이 필드에 나와 왕비처럼 거닐며 볼 치는 것이라는 시각. 유독 우리 나라는 아줌마가 운전하고, 아줌마가 골프 치는 것에 대해 부정적인 시각을 갖고 있는 듯하다. 사실 골프장에는 극도로 사치스러운 사모님들이 있다. 하지만 일부일 뿐, 그것이 전체의 모습은 아니다.

다른 주부의 말이다. 나는 이 의견이 일반적인 주부 골퍼의 모습이라고 생각한다.

"직장인들 필드 한번 나가려면 회사의 온갖 눈치를 보고 갖은 핑계를 대야 하듯 우리도 마찬가지예요. 라운드 전날은 아이들 간식을 미리 준비하고 저녁 반찬도 미리 만들어 놓고, 밀린 빨래나 다리미 거리를 챙기며 얼마나 부산하게 움직여야 하는지 몰라요. 다른 주부들이 쇼핑을 낙 삼을 때, 우리들은 작은 차에 골프채 싣고 다니며 9홀짜리 퍼블릭 가는 게 낙이거든요."

일, 이천 원 더 싼 채소를 사기 위해 먼 시장을 마다 않는 주부들에게 사실 필드는 큰맘 먹어야 한 달에 한두 번 가능하다. 비록 그늘집 눈치 보느라 싸 간 도시락을 마음 조이며 풀어놓지만, 큰맘 먹고 온 곳이기에 골프를 치는 동안만큼은 우아한 왕비가 되고 싶은 것이다. 여고 동창생들이 모여 맑은 공기와 잔디를 누리며 볼을 치는 장면, 딱- 딱- 볼 치는 소리와 함께 그들의 수다가 까르르 퍼져 나가는 풍경. 이만큼 시원하게 스트레스를 풀 수 있는 곳이 또 있을까?

'골프를 쳐야 할까, 기부금을 내야 할까?' 로 고민하던 주부는 이런 조언을 받고 다시 명쾌하게 필드로 나갔다고 한다.

"어린 딸에게 기부금의 속성을 배우게 하는 것보다는 실력으로 정면 돌파하게 하는 방법을 말해 줘라. 그리고 좋아하는 골프 못 치고 집안에서 우울하게 지내는 것보다 가족들의 정신 건강을 위해서라도 골프는 계속 쳐야 한다."

나는 무엇에 끌렸던 것일까

나는 최근 쇼크를 받았다. 두 달 전쯤 라운드에서 18홀 내내 계속 이어진 뒤땅 치기와 생크 때문이었다. 어찌나 난감하던지 당장이라도 가방을 꾸려 집으로 가고 싶은 마음뿐이었다. 내가 왜 비싼 돈 들여 가며 이렇게 마음고생을 해야 하나 싶었고, 언제까지일지는 모르지만 "다시는 필드에 안 나온다."고 다짐까지 했었다. 그리고 그날 이후, 누가 필드 나가자고 하면 고개를 설레설레 저으며 거절하고 있는 중이었다.

그러다가 바로 그저께, 한 동호회 골프 대회에 도우미로 나서게 되었다. 대회 참가 선수에게 명찰을 달아 주는 일, 상품을 챙기는 일 등을 하고 경기 시간에는 다른 참가자들의 플레이를 구경할 수 있었다.

클럽 하우스에서 골프 치는 모습을 구경만 하고 있노라니 목이 말라 왔다. 물이 먹고 싶어서가 아니었다. 골프 때문이었다. 그토록 질려 버린 골프이건만, 골프가 치고 싶어 갈증이 나고 피가 끓었다. 나도 모르게 손이 근질근질해서 그립 잡는 모션을 해보고, 바람결에 묻어 나는 풀 냄새를 한껏 더 맡으려고 코를 킁킁거렸다. 그린에 볼이 '툭' 떨어지는 소리, 드라이버의 '깡' 하는 임팩트 소리가 귀를 간지럽혔다. 다시는 필드에 오고 싶지 않을 만큼 몸서리쳤었는데 이게 무슨 조화인가? 당장 클럽 하우스 아래로 뛰어 내려가 어프로치 샷을 올려붙이고 싶은 마음뿐이었다.

오는 길에 차 속에서 '나는 골프의 어떤 점을 좋아하는 걸까?'에 대해 생각해 보았다. 좋은 스코어, 굿 샷만이 내가 좋아하는 골프의 전부가 아니었다는 사실을 깨달았다. 그 분위기였다. 볼 맞는 소리, 동반자들의 웃음소리, 그늘집에서의 따뜻한 국물, 땅의 기운, 바람 냄새, 볼 찾으러 산으로 올라가면서 쌕쌕거리게 되는 그 힘겨움, 18홀쯤 가면 후들거리는 다리, 샤워 후에 이마로 불어오는 바람…. 볼이 잘 맞고 못 맞고는 그에 비하면 너무도 적은 일부분에 불과했다.

종종 골프 치고 싶은 마음이 천리 밖으로 사라졌다며, 몇 년 동안 골프를 끊고 사시는 분들을 만나게 된다. 그분들에게 말해주고 싶다. 클럽 하우스에서 다른 사람 볼 치는 모습을 한 시간만 구경하고 있어 보라고. 정떨어진 그 골프가 어찌나 강하게 유혹하는지, 아마 견딜 수 없어 다시 필드에 나오게 될 것이라고.

어느 주부의 메일을 받고

신문에 난 주소를 보고 한 주부로부터 이메일이 왔다. 하루 전 골프장에서 있었던 사고에 대해 하소연하는 내용이었다.

골프 치는 게 낙이라는 40대 주부. 어제 동반자의 어프로치 샷을 보고 있다가 볼이 생크가 났고, 이 주부의 눈으로 튀어 들었단다. 눈에서 피를 흘리며 그 자리에 쓰러진 주부. 119에 신고를 해 달라고 캐디에게 말하자 캐디 왈, 캐디 마스터에게 허락을 받아야 한다며 마스터실로 먼저 전화를 하더라는 것이다. 그리고 한참 후 119 구급차가 오자 눈에서 피가 흐르는 환자만을 태워서 보냈다는 것이다. 다행히 상처는 깊지 않아 몇 바늘 꿰매는 것으로 그쳤지만….

그분이 하소연하고 싶어하는 것은 골프장측의 처사였다. 환자만을 태워서 보내는 것도 그랬고, 그 상황에서 그린피를 계산해 달라는 것은 참을 수가 없었다고 한다.

몇몇 골프 관계자분들께 이런 경우 어떻게 해야 하느냐고 문의해 봤더니 잘잘못 여부를 따지자면 그 주부에게도 잘못

이 있고, 주부를 확인하지 않은 동반자도, 또 경기 운영을 돕기 위해 나온 캐디, 넓게 말하면 캐디를 고용한 골프장에도 책임이 있다는 것이다.

골프장측의 이야기를 듣지 않았으니 정확한 잘잘못을 말하기는 힘들다. 그저 나로서는 그분께 안부 전화를 드리는 게 할 수 있는 일의 전부였다.

전화를 받은 주부는 "제가 샷 하는 사람 앞에 서 있었던 것이 잘못인 줄은 알아요. 하지만 제가 정말 아픈 것은 몸이 아니라 마음이에요. 눈에서 피가 나는 상황에서도 구급차에 혼자 실려 가고, 또 그 후에도 따뜻한 안부 전화 한 통 없는 골프장측의 무성의가 서러워요. 다시는 그 골프장에 가지 않을 참이에요. 위로해 주셔서 감사합니다."라며 힘없이 전화를 끊었다.

우리 나라 골프장의 서비스는 세계적 수준으로 알고 있다. 그런데 유독 골프장 내에서 사고가 나면 골프장들은 한발 물러나 뒷짐지고 서 있는 듯한 느낌이다. 책임을 물을까 봐 미리 멀찌감치 물러나는 것은 아닌지….

손님을 감동시키는 것은 라커룸에 비치된 고급 화장품, 세련된 클럽 하우스, 깍듯한 인사가 전부는 아닐진대 말이다.

선배,
저 대신 나가 주면 안 돼요?

"선배님이 저 대신 나가 주면 안 될까요? 저 정말 치기 싫어요."

바로 다음날 새벽에 부킹이 돼 있는데도 나는 전날 밤까지 대신 필드에 나갈 사람을 찾고 있었다. 공짜 골프를 칠 수 있는 절호의 찬스인데도 치기 싫어 대타를 찾는다니, 이게 웬 배부른 소리인가?

실은 배가 불러서가 아니다. 너무도 절박해서였다. 나를 주눅들게 만든 것은 지난번의 형편없는 플레이였다. 끊이지 않는 미스 샷 때문에 동반자들이 몹시 괴로워하는 듯했고, 그 시선을 받는 나는 몸둘 바를 몰랐다. 18홀이 어찌나 괴롭던지 다시는 필드에 나오고 싶지 않았었다. 그 후로 연습이라고 해보았지만 별로 나아지지 않았다. 나아진 게 없는 상황에서 또 18홀을 돌아야 한다니, 공짜 아니라 공짜 할아버지라도 엄두가 안 났다.

하지만 바로 전날 밤에 대타를 구하는 것도 쉽지 않았다. 할 수 없이 다음날 우시장에 끌려가는 소처럼 새벽 골프장으로 향했다. 아니, 끌려갔다고 해야 맞다. 첫 홀 전, 한창 물오른 동반자들의 자신만만한 연습 스윙도 나를 주눅들게 했다. 그런데 그 세 명, 너무 실력을 뽐내려고 해서일까? 막상 한 티 샷이 숲으로, 땅바닥으로, 헛스윙으로 이어졌다. 반면 "모르겠다. 될 대로 되라." 하며 친 나의 첫 티 샷은 웬일인지 페어웨이 한가운데를 가로지르며 나아가는 게 아닌가? 보나마나 뒤땅일 것이라고 믿었던 티 샷인데….

첫 홀에서 얻은 자신감은 18홀 내내 계속되었다. 그늘집에서 가장 신나게 음식을 먹은 것도 나였고, 긴 퍼팅 성공 후 그린이 떠내려가라 깡충깡충 뛴 것도 나였다. 왜 18홀밖에 되지 않느냐고 못내 아쉬워하던 것 역시 나였다. 그런 내게 동반자들이 말했다. "이렇게 좋아할 것을, 오늘 안 나왔으면 어쩔 뻔했냐."고.

대회를 코앞에 두고 취소를 하겠다는 후배가 생겼다.

"나가 봤자 캐디 언니만 고생시키구요, 잘 자라는 잔디만 깎아 먹구요, 동반자들에게 민폐만 끼치는 거예요. 저 제발 안 나가게 해주세요."

이런 후배에게 고참 선배 언니가 다독이며 말했다.

"골프란 이상한 거야. 가장 절망적인 상태에 반드시 한 줄기 서광을 보여 주지. 그래서 사람들은 점점 골프에 빠져들게 되고…. 연애할 때 상대가 너무 튕겨서 포기하려 하면 살짝 틈을 보이는 거 있지? 그것처럼 말이야."

맞는 말이다. 그 새벽의 기막힌 티 샷은 골프가 내 마음을 읽은 것이다. 너무 튕겨 포기하려는 것을 눈치채고선 골프가 내게 '살짝 보여 준 틈' 이었다.

타는 속을 어찌해야 할까

작년 이맘때였다. 내가 K언니를 '라이벌'로 생각하게 된 것은. 사실 그날 플레이를 하기 전까지는 그 언니가 내 라이벌이라고는 감히 생각지도 않았었다. K언니는 나보다 구력이 몇 년이나 더 되었고, 나보다 라운드 기회도 많았고, 분명 나와는 비교도 안 되는 고수라고 생각했었으니까….

처음 K언니와 플레이를 한 그 날. 나보다 한 수 위일 것이라고 생각했던 언니는 몇몇 홀에서는 티 샷 거리가 나보다 짧았으며, 나와 마찬가지로 퍼덕거리기도 몇 번 했다. 전반 9홀을 돌고 나서 스코어 카드를 보니 몇 타 차이가 나지 않았다. 언니는 무척 실망한 듯했고, 나는 속으로 쾌재를 불렀다. '이제 내가 조금만 더 갈고 닦으면 언니를 제압할 수 있겠구나. 구력도 얼마 안 된 내가 저 언니를 압도하다니…. 나는 역시 골프에 천부적인 소질이 있는가 보다.' 라는 생각까지 했었다.

그리고 1년 후. 내가 100타도 훌쩍 넘겨 볼을 치고 오는 날, 핸드폰이 울렸다. K언니였다.

"영분아, 기뻐해 줘. 내가 오늘 몇 타를 쳤는지 아니? 85타를 쳤단다. 와하하…. 너무 신난다."

"언니 대단하네. 올 가을에 프로 테스트 봐도 되겠는 걸? 정말 좋겠다."

말은 그렇게 했지만 예전의 그녀가 아닌 K언니 앞에서 내 골프가 너무 초라하게 생각되었다. 어제의 라이벌이 프로 테스트를 본다는데 나는 아직도 클럽별 거리조차 생기지 않았으니….

"나도 한다고 했는데 일년 동안 이렇게 큰 차이가 나다니…."

어제 K언니를 모임에서 또 만났다. 언니가 85타 이야기로 꽃을 피우는 동안 '나는 언제쯤 자중 앞에서 저렇게 내 골프 이야기를 신나게 할 수 있을까?' 를 생각하며 속이 쓰려 왔다.

내 주위에는 구력이 10년이 넘었는데 아직도 100타 밖에서 머무는 분이 있다. "10년이 넘게 100타 밖에서 머물고 있으니 그 속이 오죽 탔겠느냐?" 라는 말에 웃기만 했었는데, 이제 그 속이 얼마나 탔을지를 이해할 수 있을 것 같다.

시간이 지나면 저절로 타수가 줄어들 줄 알았는데…. 스코어는 구력하고는 상관이 없는가 보다. 나도 그분에게 타는 속 다스리는 법을 배워야겠다.

우즈가 덜 매력적인 이유

그는 인간이 아니었다. 타이거 우즈! 월요일 아침 US오픈을 보며 느낀 점이다.

외신들은 그의 골프에 흥분했다. 제아무리 긴 러프에 들어갔어도, 깊은 벙커에 들어갔어도 홀 1m에 갖다 붙이고, 다른 선수들은 와르르 무너지는 홀에서도 혼자 버디를 잡아 내고…. 그의 눈짓 하나 손동작 하나가 모두 경외스러웠다. 급기야 갤러리들은 18번 홀에 들어선 우즈에게 알라 신 숭배를 하듯 바닥에 넙죽 엎드려 절까지 하게 된다. 100년에 한 번 나올까 말까 한 그와 한 시대에 살고 있다는 것조차 행운처럼 생각되었다.

하지만 그의 원맨쇼 같은 대회를 보며 정작 내 마음을 더 잡아끈 것은 우즈가 아니었다. 우즈와 한 조가 된 190cm 거구의 사나이 어니 엘스. 똑같은 위치에 놓인 볼. 엘스가 먼저 샷을 해 홀 1m 정도에 갖다 붙인다. 그 자신도 매우 흡족한 표정이다. 하지만 이어서 한 우즈의 샷이 엘스의 샷을 비웃기라도 하듯 40cm 정도에 붙어 버린다. 이를 본 엘스, 그 짧은 거리의 퍼팅도 놓쳐 버리고 만다.

그는 떨고 흔들리고 있었다. 골프의 신과 맞붙어 그가 너무도 인간적인 골프를 치고 있다는 생각이 들었다. 우즈와 무려 15타가 벌어진 상황에서도 묵묵히 껌 씹는 동작으로 거구의 사내는 분을 삭이는 골프를 쳐 갔다.

너무도 완벽해서 경쟁 상대도, 연습할 샷도 없을 듯한 우즈. 우즈의 우승 장면에서 영웅의 환희보다는 그 이면의 매너리즘을 봤다면 나의 '오버' 일까? 상대방에 의해 무너지며 실수하는 엘스의 골프가 더 매력적으로 보인 이유는 동반자에 의해 기가 살고 풀이 죽는 나와의 동병상련 때문일 것이다.

우즈에게는 없지만 나와 엘스에게는 공통적으로 있는 것이 있다. 눈 반짝이며 이겨 내야 할 경쟁 상대, 더 가다듬어야 할 그 수많은 샷…. 그러니 우즈의 골프보다는 나와 엘스의 골프가 더 재미있을 수밖에….

누가 그 젊은 골퍼를 가르칠까

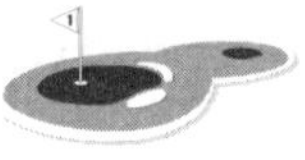

"골프 치기에는 너무 젊은 사람인 것 같은데…."

작년까지 내가 연습장에 들어서면 다른 분들로부터 받던 느낌이다. 하지만 더 이상 내가 그런 눈길을 받지 않는다는 것을 느꼈다.

오래간만에 가 본 어제의 연습장. 멀리서 보기에는 외국인들이라고 생각했는데 가까이 가서 보니 젊은이들이었다. 머리가 노랗고 빨갛고 회색인. 그 연습장이 젊은이들이 많이 다니는 동네 한복판에 있어서 그런지 몰라도 유독 노랑머리 젊은이가 많았다. 나는 개인적으로 요즘의 그 파격적인 염색을 좋아한다. 내가 차마 못하는 것들을 감행하는 그들의 스스럼없는 용기가 부러울 뿐이다.

패션 또한 달라졌다. 남자들은 쫄바지와 쫄티셔츠를 입었으며, 여자들은 민소매와 아찔하게 짧은 반바지 차림이었다. 경쾌하고 자유로웠다.

내 앞 타석에도 쫄바지에 회색 머리를 한 남자 아이가 볼을 치고 있었다. 간간이 울리는 핸드폰을 큰소리로 받을 뿐, 다른 타석에는 전혀 신경을 쓰지 않는 듯했다. 나만 하더라도 앞 타석에 잘 치는 사람이 있으면 은근히 기가 죽고, 앞 타석 사람이 엉망이면 기가 살아 더 뻥뻥 쳐대던 세대인데, 그들은 전혀 개의치 않는 듯했다.

그 쫄바지를 입은 청년. 배운 지 얼마 되지 않아서인지 스윙이 엉망이었다. 바로 앞 타석의 할아버지는 그의 스윙이 못마땅했던지 계속 뭔가 얘기해 주고 싶어 머뭇거리는 풍경이었다. 하지만 그 젊은이, 눈길 한번 주지 않으며 잠시도 그 할아버지가 조언할 틈을 보이지 않았다. 그 차가운 자유분방함…. 뭔가 말해 주고 싶어 망설이는 할아버지와 '나는 나, 내 스윙은 내가 만든다' 는 젊은이가 어우러져 묘한 풍경을 그려내고 있었다.

얼마 전에 한 캐디로부터 이런 얘기도 들었다. 젊은 커플들이 와서 골프장에서 입맞추고, 껴안고, 업어 주고, 대신 샷 해주고…. 그들의 그 자유분방함 때문에 무척 난처했노라는 것이었다.

나 역시 배울 것이 많지만, 이제 막 골프채를 잡은 그 노랑머리 아이들에게 골프의 전통과 보이지 않는 엄숙함, 타인에 대한 깊고 잔잔한 배려를 가르쳐 줄 사람은 누구일까? 그 점이 걱정되었다.

괜히 나보다 더 어린 사람들이 필드에 나오는 게 샘나서 하는 소리인지도 모르겠다.

비에 눈물을 흘려 보내 봐야 안다

어제 머리 올리는 후배 J와 라운드를 하였다. 쳤다 하면 헛스윙에, 뛰다가 넘어지고, 스윙을 못 이겨 몸이 팽그르르 돌고…. 마음 같아서는 내가 대신 쳐 주고 싶은 샷이 많았다.

1m를 채 못 나가는 샷이 더해질수록 후배의 어깨는 점점 처졌다. 얼마나 마음이 상할까. 내가 머리 올리던 날, "저, 너무 못 치죠. 괜히 나와서 민폐만 끼치는 것 같아요."라는 내게 "무슨 말이에요. 우리가 불편하게 생각하는 건 하나도 없어요. 다만 너무 실망해서 골프에 재미를 잃을까 봐 그게 걱정이지."라고 말씀해 주시던 선배들의 심정이 이해가 갔다. 나 역시 후배가 골프에 재미를 잃을까 봐 진심으로 걱정이 되었다.

아니나 다를까. 이 후배, 9홀이 지나자 골프가 재미없다고 생각이 됐나 보다.

"이 뙤약볕 아래서 무슨 재미로 골프를 치는 거죠. 힘들기만 하고, 돈도 많이 들고…. 저는 별로 골프랑 친해질 것 같지 않아요. 관둘까 봐요."

스스로 자책하며 애써 골프를 부정하고 있었다. 그런 후배에게 얼마 전 들은 한 중년 신사의 머리 올리는 날 이야기를 해주고 싶다.

"사업 때문에 마흔 넘어 어쩔 수 없이 시작한 골프였어요. 독학으로 두세 달을 하고 필드로 끌려갔지요. 사업상 경쟁 관계인 사람들과의 라운드였는데, 볼이 하나도 맞지 않았어요. 다행히 비가 와서 라운드 도중 그만두나 싶었는데 이 친구들, 계속하자는 거예요. 그러면서 전부 비옷을 챙겨 입더군요. 물론 저는 처음이니 그런 장비가 있는 줄도 몰랐구요. 후반은 그야말로 골프를 하는 건지 군사 훈련하러 산에 왔는지 모를 지경이었습니다. 물에 빠진 생쥐 꼴에 옷들은 몸에 들어붙어 감기고, 볼은 도대체 주인 속마음도 모르고 제멋대로이고…. 겪어 보지 않은 사람은 그 심정 모릅니다. 나도 자존심이 무척 강한 놈인데 비가 다행히도 내 눈물을 감춰 주었죠. 제 자신에 대해 이를 갈았습니다. 건방진 놈이라고 말입니다. 두 번 다시 이런 수모는 겪지 않을 거라고 비 오는 하늘을 쳐다보며 맹세를 했죠. 그로부터 두 달 뒤, 저는 그들에게 스크래치(scratch)를 제의했고 지금은 계속 그 수준에서 맴돌고 있답니다. 골프는 자극이 있어야 발전을 하는 것 같더군요."

"후배 J야, 내리는 비에 눈물을 흘려 보낸 분도 있단다. 그러니 포기하지 말고 '자극' 받으렴. 너는 자존심이 강한 아이잖니."

네가 나한테 해준 게 뭐야

내가 왜 그랬는지 모른다. 그늘집에만 다다르면 입이 귀에 걸릴 정도로 좋아하던 나인데…. 그날만큼은 예외였다. 음식을 앞에 두고도 씩씩거리며 입이 한 자나 나와 있었다.

8개월 만에 만난 절친한 선배들과의 라운드. 과거의 내가 아니라는 것을 보여 주고 싶었다. 뭔가 보여 주겠다는 마음이 강해서일까. '마음' 은 간절한데 '몸' 이 따라 주지 않았다. 초반에는 그런 대로 맞는가 싶었는데, 점차 특기인 뒤땅 샷이 고개를 들기 시작하더니 오르막 파 5홀에서는 절정을 이루었다. '이번 샷에는 실수하지 않겠다' 는 마음이 굳어질수록 헛스윙과 뒤땅 치기가 더해 갔다.

타오르는 날씨만큼이나 속도 타올라 얼굴이 붉으락푸르락해져 그늘집에 다다랐다. '골프 치면서 절대 화내는 동반자가 되지 말자' 는 내 원칙을 스스로 무너뜨리고 있었던 것이다. 잘하고 싶은 마음과 반대로만 가는 골프가 원망스러웠다. 나온 입은 들어갈 줄 몰랐고, 씩씩거리는 숨결은 가라앉을 줄 몰랐다. 그러고 있는 내게 고참 선배가 물었다.

"고영분 씨, 필드 자주 못 나오죠? 그리고 연습장도 자주 가지 않죠?"

그랬다. 올해 들어 일이 바쁘다는 이유로 연습장도 고작 한 달에 한두 번, 그리고 필드 나가는 것도 역시 가물에 콩 나듯 했다.

"그럼 그렇죠. 그러니 골프가 이렇게 말하겠어요. "네가 나한테 해준 게 뭐야"라고."

요즘 TV 광고에서 들었음직한 카피다. "네가 나한테 해준 게 뭐야." 너무도 무관심한 애인 곁을 떠나가면서 내뱉는 최후의 멘트였던가.

얼마 전에 만난 싱글 핸디캐퍼는 그 비결을 묻자 남다른 시절을 이야기했다. 장대비가 쏟아지건 눈발이 휘날리건 기회만 되면 필드로 나갔고, 커다란 배추 박스에 볼을 담아 연습하는 것은 물론, 그것이라도 거를라치면 틈날 때마다 사무실에서 헛스윙 연습을 했다고 했다. 골프를 잠시도 관심 밖으로 놓아 둔 적이 없었다는 것이다. 그 100분의 1 노력도 기울이지 않으면서 마음은 늘 싱글 핸디캡만을 바라보는 나. 이상과 현실이 다르니 골프가 "해준 게 뭐냐."며 자꾸 뒤돌아설 수밖에….

방법은 한 가지다. 돌아선 애인 달래는 데는 귀찮을 정도의 관심과 애정이 최고의 명약이다.

엄마, 골프 배우지 마세요

지난주에 은행에서 일하신다는 한 독자로부터 메일을 받았다. 그분은 수요일의 내 글을 읽으면 '철학적' 이 된다고 하셨다. 집에서 한푼 두 푼 아끼느라 살림살이에 힘겨워하는 부인이 생각나기 때문이란다. '젊은 여자가 골프 치는 것' 에 대한 부정적인 인식이었다기보다는 그때가 한창 금융계 파업 문제 때문에 심난하셨기 때문일 것이라는 생각을 했다. 그분의 의견에 공감했고 고민스러워졌다. 내가 신문 한쪽에 쓰고 있는 이 글이 어떤 분들에게는 남의 나라 얘기처럼 들렸을지도 모르겠다는 생각이 들었다.

얼마 전 어머니가 내게 넌지시 물으신 적이 있다.

"나도 골프 배워 볼까? 3층 아줌마도 치고, 동대문 도자기집 아줌마도 치고…."

내가 불효녀여서일까? 골프를 치면 세상이 달라지니, 배울 것이 많으니 하는 글을 쓰는 나인데, 나는 "엄마, 그걸 왜 배우려 하세요?" 라고 했다. 지하철 노선표 보는 것도 복잡해 하시는 분인데 어떻게 그 폴로 스로니, 스위트 스폿이니 하는 용어들을 이해하실까 하는 걱정이 있었다. 하지만 더 큰 우려는 택시보다는 버스를 이용하고, 보다 싼 찬거리를 위해 먼길을 마다하지 않는 분이 과연 기십만 원을 들여 가며 필드로 나가실 수 있을까 하는 생각이었다. 괜히 큰맘 먹고 시작하셨다가 오히려 마음의 상처만 받고 그만두시면 어떻게 하나 하는 마음이 들었다.

우리 어머니에게도 마음놓고 권해 드릴 수 없는 운동. "능력 없으면 안 치면 될 것 아니냐?"고 말할지도 모른다. 하지만 능력 없다는 이유로 골프를 등지기에는 이것이 가진 이점과 매력은 너무도 풍부하다. 골프와 밀고 당기며 나이를 먹어 가고, 체력이 노쇠하여도 받아 주며, 나무가 뿜어대는 산소를 맘껏 마실 수 있는 매력이 있다.

오래된 중고채를 들고서도, 저렴한 캐주얼 의상을 입고서도 기죽지 않고 필드에 설 수 있는 날, 그린피가 2~3만 원이어서 그 옛날 동네 볼링장 가듯 온 가족이 어울려 골프장을 찾을 수 있는 날이 왔으면 좋겠다. 그래야 우리 어머니도, 그 은행 지점장님의 알뜰한 부인도 걱정 없이 골프를 즐길 수 있지 않겠는가?

푸른 잔디를 밟고 선 어머니가 소녀처럼 좋아하실 모습을 생각하니 이 아침, 나도 어느새 철학적이 된다. 내가 포기하고 어머니에게 권해 드려야 하는 것인지…. 다른 나라에서도 골프를 친다는 것이 이렇게 고민스러울까?

하룻강아지, 뭔가 보여 주다

드디어 나와 실력이 비슷한 동지 D를 만났다. 초보자라 방심하고 있었는데 나는 간신히 스리 온 시키는 파 4홀을 D는 종종 두 번 만에 온 그린시키며 나를 긴장시켰다. 두 번째 D와의 플레이 날이 정해지자 나는 '구력은 무시할 수 없음' 을 보여 줘야겠다고 생각했다. D 역시 내가 만만하게 보였는지 나를 앞지르겠다는 전투욕이 생긴 듯했다. 사무실에서 홀연히 사라져 몇 시간 뒤 땀에 흥건히 젖어 나타나는가 하면 틈틈이 레슨 서적을 보며 연구하는 모습이 보였다. 이에 질세라 나도 점심까지 거르며 틈만 나면 연습장으로 향했다.

드디어 D와의 두 번째 플레이 날. 그날 아침까지 팔목이 시큰거리도록 연습을 해 놓고서도 "연습 하나도 안 했다." 고 엄살부터 부렸다. 일단 상대를 안심시킨 다음 뭔가를 보여 줘야겠다는 마음이었다.

같은 마음이었을 D, 힘이 잔뜩 들어가 티 샷을 하더니 토핑을 내고 말았다. 회심의 미소를 지으며 나의 티 샷이 이어졌다.

그러나 나 역시 크게 다르지 않았다. 결국 첫번째 홀을 D와 나는 나란히 더블 파를 저지르고 말았다. '나는 다르다' 를 보여 주고 싶은 마음이 강할수록 볼은 반대로만 갔다. "이번 홀에서는 꼭 버디를 잡고야 말겠어."라고 선언을 하면 버디는 없고 더블 보기만 있을 뿐이었다. D도 마찬가지였고, 이런 마음은 서로를 무모하게 만들어 갔다. 깎아지른 듯한 경사에서도 우드를 뽑아 들었고, 페어웨이 벙커에 빠져서도 우드를 들고 들어갔다. 그런 샷은 분명 또 다른 실수로 이어지곤 했다.

이번 브리티시 오픈에서 듀발도 무모한 핀 공략을 하다 결국 네 번 만에 벙커에서 빠져 나오지 않았던가. 듀발도 그러한데 하룻강아지에 불과한 우리가 그랬으니 그 결과는 더 참담할 수밖에 없었다.

고참 선배가 말했다.

"두 사람, '뭔가 보여 주겠다' 는 마음인 것 같은데, 그건 힘이 아니라 머리로 보여 줘야지요. 그 벙커에서 우드를 잡을 게 아니라 짧은 아이언을 잡았어야 했어요. 마음은 우드로 핀 공략을 하고 싶었겠지만 욕심과 반대로 가는 게 골프랍니다."

머리를 쓰지 않은 하룻강아지들의 대결은 그렇게 힘 자랑만 하다 끝이 나고 말았다.

비기너의 서러운 각오

주위의 한 비기너가 요즘 무섭도록 칼을 갈고 있다. '골프는 일단 시작했으면 잘 치고 봐야지, 돈 버리고 바보 되는 것 같아서' 가 맹연습의 동기다. 나 역시 그 서러움을 피부로 절감하고 산다.

며칠 전 한 수 위인 동반자들과 함께한 라운드에서였다. 서러움은 첫 티잉 그라운드에서 선배 한 분이 캐디에게 이런 주문을 하는 것으로 시작됐다. "우리 셋은 알아서 칠 테니까, 이분만 집중적으로 봐 주면 돼요."라며 나를 가리키는 게 아닌가. 그러더니 오너를 정하는 쇠막대기 뽑기에서도 나를 제외한다. 바로 전 홀에서 내가 더 잘 쳤는데도 오너 자리를 주지 않는다. 내가 어드레스를 취할 때는 왁자지껄 떠들기까지 한다. 지켜봐도 별 볼일 없어서라고 생각해서인가.

가장 서러운 것은 그린에서였다. 선배들은 '땡그렁' 소리가 날 때까지 세 번이고 네 번이고 퍼팅하면서 왜 나는 컵에 붙이려면 아직 한참이나 남았는데도 '기브' 를 주느냐 말이다. 물론 선배들은 빠른 진행을 위해서 그런다고 하지만 받아들이는 사람은 다르다. 열등감일지도 모르지만 '기브' 라는 말이 '쳐 봤자 별 수 있겠느냐' 는 말로 들리니 말이다. 비기너도 들어갈 때까지 퍼팅을 해봐야 퍼팅 실력을 키울 것 아닌가.

그렇게 서러운 18홀을 돌고 스코어 카드를 보니 웬일인지 친 것보다 훨씬 잘 나와 있었다. 그 선배가 캐디에게 아예 내 스코어는 하나씩 빼고 적으라고 했다는 것이다. 나를 위로하려는 마음에서 그랬는지 모른다.

하지만 비기너의 골프도 골프다. 나도 정확하게 내 골프를 셈할 권리가 있다. 필요 이상의 특혜는 오히려 상처가 된다는 것을 모르는 걸까.

'못 치면 바보가 되는 골프, 일단 잘 치고 봐야 한다' 는 맞는 말이다. 지금 내 머릿속은 오직 그 선배를 꺾어 놓아야겠다는 생각만으로 가득하다. 조만간 그 선배는 나에게 발목 잡힐 것이다.

나는 고수가 되면 비기너 앞에서 이런 선배가 될 것이다. 퍼팅이 들어갈 때까지 최선을 다해 쳐 보도록 하며, 스코어도 봐주는 것 없이 철저하게 적게 하며, 엄숙하게 샷을 지켜보고 조언해 주는 선배. 비기너의 골프도 마땅히 존중할 줄 아는 그런 선배 말이다.

동반자 캐디를 배려하세요

비가 오는 날 두 번의 라운드에서 너무도 다른 두 명의 캐디를 만났다. "저 혼자만 입어서 죄송해요. 이따 오후에 한 라운드를 더 돌아야 돼서요."라며 혼자 비옷을 꺼내 입는 것을 무척 미안하게 생각하던 캐디가 있었다.

그런가 하면 지붕만한 우산을 혼자 쓰고 가면서 옆에 걸어가는 골퍼가 비 맞은 생쥐 꼴이건 말건 나 몰라라 하는 캐디도 있었다.

누구나 다 전자 같은 캐디를 원하지만 사실 퉁명스런 그 캐디도 처음부터 그렇진 않았다. 초반에 좋았던 분위기가 살벌해진 것은 한 명의 볼이 그린을 훌쩍 넘어간 순간부터였다. 캐디가 적극 권한 클럽으로 치다가 발생한 미스 샷이었다. 동반자는 "잘 알지도 못하면서 왜 8번 아이언을 준 거야."라며 짜증을 냈다. 그리고 안 맞는 채를 줬다는 동반자의 불평이 두세 홀 이어지자 그때부터 캐디 아가씨는 돌변했다. 상황이 그렇게 되자 동반자가 그렇게 원하던 버디를 잡았는데도 캐디는 '나이스 버디' 한번 외치지 않고 등을 돌린 채 휑하니 사라져 버렸다.

이런 경우 최초의 원인 제공은 십중팔구 골퍼인 경우가 많다. 클럽을 잘못 건네주었다고, 그린 라인을 잘못 읽어 주었다고, 빨리 칠 것을 권유했다고 짜증내며 그 탓을 캐디에게 돌린다. "당연히 캐디의 몫 아니냐. 놀러 나온 우리가 캐디 눈치까지 봐야 하느냐."며 그들의 직업의식만을 강요하기도 한다.

얼마 전 캐디 없이 전동 카트에만 의존해야 하는 골프장에 처음으로 가 봤다. 내가 당연하다고 여기고, 능숙치 않으면 내심 짜증까지 내던 그들의 일 즉, 볼이 나아가는 방향을 봐 주고, 채를 제때 챙겨 주고, 잘 들어가도록 볼을 닦아 다시 놓아 주는 일 등이 내게 얼마나 필요한 작업이었는가를 느낄 수 있었다. 내가 친 볼을 보지 못해 이 산 저 산 볼을 찾아 헤매야 했고, 경사를 읽지 못해 그린을 빙빙 둘러봐야 했으며, 채를 놓고 와 전 홀로 다시 허겁지겁 달려가기도 했다.

그러나 정신없는 플레이, 그보다 더 크게 느껴진 것은 적막함이었다. 네 시간 반 동안 곁에서 함께 안타까워해 주고 기뻐해 주며 한없는 재잘거림으로 내 플레이에 관심을 가져 주던 동반자 한 명이 빠진 듯한 느낌. 목이 마른 것을 귀신같이 알아내 얼음물을 따라 주던 그들의 향긋함이 그리워졌다.

네번째 글

당신을 알고 나서 비로소 여인이 되었어요

한 선배로부터 들은 이야기이다. 일본에 전설처럼 내려오는 유명한 게이샤가 있나고 한다. 다른 게이샤에 비해 외모가 출중하지도 않은 여인인데 그녀에게는 늘 '최고의 게이샤'라는 칭호가 따라붙었다고 한다. 비록 뛰어난 외모는 아니었지만 그녀가 최고가 된 데에는 남다른 마음가짐이 있었다. 그녀가 어떤 마음으로 임했는지는 한마디로 대변된다. "당신과 밤을 지내고 나서 저는 비로소 여인이 되었어요." 아침에 일어나 남자에게 하는 한마디 말이었다.

나는 이 말을 들었을 때 문득 골프 생각이 났다. 18홀을 도는 데에는 네 시간 반 정도의 시간이 걸린다. 그 시간 동안 나는 참으로 많은 인생을 보곤 한다. 매너와 에티켓 이상의 무엇이 농축되어 있다는 생각이다.

내가 접한 두 명의 동반자가 있다. 구력 2년 만에 싱글 핸디캡의 경지에 오른 Y라는 분이 있었다. 날카롭게 빛나는 샷을 가진 그분은 볼이 잘 맞지 않으면 자신에게 화를 내는 것은 물론 동반자와 캐디에게까지 책임을 전가시키는 분이다. 필드에서 그의 모습에서는 그 사람이 살아온 세월이 농축되어 있었다.

네번째 글

한 샷, 한 샷에 발끈하는 Y를 보며 그의 골프가 설익었다는 생각, 그의 인생이 설익었다는 생각이 들었다. 그렇게 익은 골프는 물론 그가 쌓은 엄청난 부도 언제 깨어질지 모른다는 불안감이 풍겨났다.

그리고 또 한 명이 있었다. 구력 10년이 다 되어 가지만 아직도 간혹 100을 넘기곤 하는 스코어의 보유자이다. 하지만 그의 골프는 늘 평화롭다. 티잉 그라운드에 올라서서 코스를 한눈에 내려다보는 눈을 가졌으며, 정확하게 공략할 지점과 함께한 동반자에게 감사하는 마음이 늘 충만하다. 한없이 철퍼덕거리지만 샷 때문에 흔들리지 않는 그, 골프뿐 아니라 그 삶도 견고해 보인다. '그런 식으로 치니 골프가 늘지 않는 것'이라고 한다면 할 말이 없지만, 그의 골프에서는 향기가 묻어난다.

골프는 짧은 순간 욕심을 집약적으로 풀어 내야 하는 운동이다. 누구나 최고의 샷을 하고 싶은 욕심 때문에 본연의 모습을 놓아 버리게 되는 경우가 많다. 그 순간을 동반자들은 지켜보고 있는 것이다. 한 골퍼의 코스 매니지먼트를 보며 삶에 대한 신중함과 즉흥성을 엿보기도 하고, 미스 샷 후의 푸념에서 생활 습관이나 인성을 보기도 한다. 캐디와의 한마디 한마디에서 사람에 대한 배려는 어느 정도인지도 볼 수 있다. 잘 치는 골프란 절대 빛나는 샷만을 의미하지는 않는다. 이를 두고 또 선배는 말했다. "진정한 골프 고수와 골프 기술자는 다르죠. 골프를 치며 샷만을 가다듬는 사람은 '기술자'에 불과합니다. 골프를 인생처럼 관조하는 사람이 진정한 고수이죠."

나는 게이샤의 그 말을 이렇게 바꿔 보고 싶다. "골프장에 선 당신을 보고 나서야 비로소 당신의 참모습을 알게 되었어요."라고. 골프는 인간됨을 체크하는 리트머스지이다. 사람은 간 데 없고 샷만으로 골프장을 찾는 사람은 주의해야 한다. 골프가 금세 알아차리고 폭로시키기 때문이다.

골프가 나한테 잡혔다

올 시즌 강력하게 떠오른 라이벌 D가 있다. 머리 올린 지 몇 달 안 됐지만 쌩쌩 바람을 가르는 아이언 샷이 위협적인 존재였다. 하지만 그런 굿 샷은 가끔 나올 뿐 대부분이 미스 샷이라 안심하고 있었는데…. 그런 D가 얼마 전 100타는 물론 90타 벽까지 깨 88타를 기록하고 만 것이다.

D의 급성장, 거기에는 이유가 있었다. "만약 내가 8월 23일까지 100타를 깨지 못하면 채를 다른 사람에게 줘 버리겠다."며 목표 시기를 공공연히 밝히고 다녔다.

아들 돌인 8월 23일에 날짜를 맞춘 구체적 목표가 세워지자 D는 자신의 골프를 세밀하게 점검하기 시작했다. 쌩쌩 나는 아이언 샷에 집착했었는데 그런 욕심이 오히려 미스 샷을 부른다는 것을 깨달았다. 그러고선 '거리를 줄이더라도 힘 빼며 천천히'를 구사한 것이다. 그 구체적인 방법론이 서서히 효과를 발휘하더니 결국 목표를 달성했다.

라이벌의 성취담은 발전 없는 내 골프를 되돌아보게 하는 계기가 됐다. '올 시즌엔 90타를 깨야지, 티잉 그라운드에 서면 그저 멀리 보내야지, 그린에 올라서면 컵 안에 집어넣어야지' 라는 막연한 골프를 치던 나. 하지만 그런 막연함은 1년이 지나도록 내 골프를 제자리에 머물게 할 뿐이었다.

그러다가 나 역시 막연한 목표에서 벗어나 구체적 설계를 하기 시작했다. 드라이버 샷을 하면서도 '멀리 보내겠다' 가 아니라 '세컨드 샷을 하기 편한 장소로만 보내겠다' 고 생각했고, 그린에 올라가면 '한 번에 컵에 집어넣겠다' 가 아니라 '컵 1m 반경에만 넣겠다' 고 마음먹었다.

그런 세밀한 목표는 내 골프를 정교하게 만들어 주었다. 턱없이 커서 정확하지 않았던 스윙은 간결하게 줄어들었고, 컵 인을 바로 노리던 퍼팅은 근처에 붙이겠다고만 생각하니 편해졌다. 결국 몇 번의 라운드에서 조금씩 타수가 줄어들더니 최근에는 보기 8개에 파 1개라는 경이적인 결과를 낳았다. D와 내가 목표를 이룰 수 있었던 것은 너무 거대하지 않은, 한 샷 한 샷에 대한 현실적이고도 구체적인 목표를 세웠기 때문이 아닐까.

골프를 이제 떡 주무르듯 컨트롤할 수 있다고 믿는 나는 몹시 몸이 근질거린다. 사무실에서도 저절로 그립과 백 스윙 동작이 나오고…. 예전에도 이런 증상이 있었지만 그때는 막연한 호감이었을 뿐 요즘처럼 손과 발이 구체적으로 근질거린 적은 없었다.

나비처럼 날아 벌처럼 쏘는 여인

사무실에 있는 다섯 명의 골퍼, 네 명 한 팀을 맞춰야 할 경우 단골로 빠지게 되는 것은 나다. 이번 주말에도 나만 쏙 빼놓고 골프장에 가기로 한 네 명의 남자는 신이 나 있었다. 왜 나를 빼놓는가. 이유는 뻔하다. 레이디 티까지 걸어가는 걸 기다려야 하고, 또 그들은 두 번 만에 그린에 올릴 거리를 나 혼자 세 번, 네 번에 치니…. 그 기다림이 번거롭고, 또 내기라도 할라치면 박진감을 떨어뜨리기 때문이다.

그들이 골프장에서 즐기는 동안 갈 곳 잃은 나는 극장으로 향했다. 무협 영화였다. 여리고 청순한 여자 무사가 남자 무사들을 물리치는 장면이 펼쳐졌다. 거구의 남자 무사들이 여인의 칼끝 하나에 추풍낙엽처럼 쓰러지는데…. 골프장에 함께 못 간 내 분풀이를 그 여자 무사가 다 해주는 듯했다.

여자를 얕보지 말라. 큰코다친 남자들 많다. 얼마 전 한 대회에서 만난 선배 언니도 그랬다. 키는 155㎝ 정도에 체중은 40㎏도 채 안 돼 불면 날아갈 듯한 가녀린 체구였다. 하지만 그 하늘

하늘한 몸에서 나오는 샷이 어찌나 매섭던지…. 거리를 압도하는 것은 물론이고, 정확하기가 또한 칼 같았다. 결국 한 조가 된 싱글 핸디캐퍼인 남자 골퍼들조차 홀마다 무릎을 꿇어야 했다.

남자 무사들이 오로지 힘 하나만 믿고 덤빌 때, 여자 무사는 춤추듯 하늘하늘한 권법으로 그 경직됨의 허를 찔러댔다. 남자 동반자가 거리를 의식한 나머지 번번이 볼을 산으로 보낼 때, 이 여자 고수는 언제나 페어웨이를 지켰다. 한없이 부드러우면서도 목표 지점만을 향해 날아가는 볼은 칼처럼 정확했다.

100타대에서 서성이던 평범한 여자 골퍼를 매서운 싱글 핸디캐퍼로 만든 비결. 한번 연습장에 가면 볼 1,000개를 마다하지 않는 독함이 있었기 때문이란다. 귀족의 딸인 여자 무사와 가녀린 여자 고수. 부드러움으로 강함을 지배하는 여인들이다.

'아, 나도 언제 그들처럼 무림을 정복할 수 있을까?'

영화 상영 내내 연습장 가서 칼 가는 생각뿐이었다.

어른들은 숫자를 좋아한다

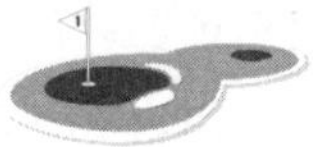

"어른들은 숫자를 좋아한다."

법정 스님 말씀이다. 집을 이야기할 때 "창틀에는 제라늄이 피어 있고 지붕에는 비둘기들이 놀고 있는 아름다운 붉은 벽돌 집을 보았다."고 하면 어른들은 못 알아듣지만 "1억 원짜리 집을 보았어."라고 하면 그제서야 집에 대해 이해한다는 것이다.

우리가 일반적으로 생각하는 골프 역시 어른의 눈으로 보는 경우가 많다. 회원권은 집 한 채 값이고, 그린피도 비싸고, 타이거 우즈와 박세리가 어마어마한 돈을 벌어들인 운동…. 숫자에 입각한 골프는 '값비싼, 사치스러운'으로 일축되게 마련이다.

두 명의 골퍼가 있다. 한 명은 나처럼 숫자에 민감한 어른이다. 그는 그린피를 누가 계산해야 할 것이며, 내기는 얼마짜리를 해야 하고, 목표 스코어는 얼마라는 생각만 하고 있다. 몸은 골프장을 향하고 있지만 머릿속은 온통 전자계산기다.

또 한 명은 숫자를 빼고 골프 그 자체만을 떠올린다. 몸은 소풍 가는 것처럼 마냥 들떠 있다. 골프를 통해 친구를 진정으로 이해할 수 있었고, 작은 볼 하나 마음대로 하지 못하는 자신을 보며 '겸손'의 의미를 배운다고 생각한다. 단내 나도록 맑은 공기를 선사해 주는 자연에 대해 감사한다.

숫자로 접근한 골프는 언제나 스트레스이고 낯설 수밖에 없다. 18홀 다섯 시간은 은밀한 협상을 완료하는 시간이고, 그린피는 그 대가 지불에 그칠 뿐이다. 그러나 그것을 동반자에 대한 이해, 자신에 대한 이해, 자연의 섭리에 대한 이해의 시간이라 생각하면 그 가치는 달라진다. 행복과 만족의 가치를 평가할 때 절대로 숫자가 가장 앞선 지표가 돼서는 안 된다. 그렇다면 값싼 웨딩드레스를 입은 신부는 불행해야 하고 300만 원짜리 웨딩드레스를 입은 신부는 무조건 행복해야 한다는 어처구니없는 결론에 도달할 수도 있다.

얼마 전 골프를 포기하겠다는 선배 M의 이야기를 접했다. 그 좋아하던 골프를 포기하는 이유가 단지 스코어나 비용의 문제는 아니었겠지만, 그 숫자적 상실감 이전에 골프를 통해 배운 무수한 가치들을 다시 한번 떠올려 보았으면 한다.

포기하려는 선배 M과 '골프는 사치스러운 운동 아니냐'고 이메일을 보내 온 독자 A에게 이 일기를 바친다.

그린을 아기 살결이라 생각한다면

나는 잘 정돈된 그린을 볼 때마다 두 살배기 조카의 발바닥이 생각난다. 세상에서 가장 부드럽고 여린 느낌의 발바닥과 그린. 그 아이가 밟으면 얼마나 좋아할까 하는 생각과 너무 고운 잔디이기에 조카의 여린 발로만 밟아야 할 것 같은 느낌 때문이다.

골프장의 생명은 '그린' 이라고 할 정도로 전체 코스에서 그린이 주는 비중은 각별하다. 볼을 굴려 홀에 들어가도록 하는 관리 상태를 보고 사람들은 코스 전체를 평가하기도 하기 때문이다.

며칠 전 한 대회에 참가해서 겪은 일이다. 뒷홀 그린쪽에서 화내며 소리치는 소리가 들렸다. 그린 관리도 잘 안 해 놓고 '빨리 빨리' 만을 재촉한다는 게 이유였다. 화를 내던 그 골퍼, 분을 못 이겨 퍼터로 그린을 내려찍는다. 그린에 상처를 내는 것이 그 골프장에 대한 가장 가혹한 분풀이가 된다는 것을 알고 저지른 일이다. 그 골퍼는 즉시 퇴장 명령을 받았다. 그린을 조성하는 데 들어간다는 엄청난 비용이 문제가 아니다.

내가 아는 골프장 그린 관리자가 있다. 올봄 동해(冬害)를 입은 그린을 관리하느라 꼬박 두 달 동안 집에 들어가 보지 못했다고 한다. 두세 달 동안 밤새워 잔디를 고르고 물을 주면서 평생 이렇게 맘 졸이며 무언가를 키워 본 적이 있던가 하는 생각이 들었다고 한다.

골프가 너무 좋아 하루 걸러 골프장을 찾는다고 말하는 사람보다 더 호소력 짙은 모습이 있다. 그린 라인 읽기도 바쁜 상황이지만 그 틈에 짬을 내 쪼그리고 앉아 볼에 파인 자국을 수리하고 있는 골퍼. 그 모습에서 골프에 대한 그 사람의 절절한 애정을 느끼곤 한다. "이곳 그린은 왜 이리 거칠어!" 라고 불평하기 전에 그 거친 그린을 만든 것이 내가 함부로 남긴 발자국 때문은 아니었을지를 생각해 봐야겠다. 그린을 아기 살결이라 생각한다면 대한민국 어느 골프장의 그린이 거칠어질 수 있겠는가.

대회가 끝난 후 시상식이 연습 그린에서 있었다. 여성 수상자들이 하이힐을 신은 채로 걸어가는 바람에 그린에 구두 자국이 생겼다. 가슴이 철렁했다.

'나를 호명하면 구두를 벗고 맨발로 달려나가 상을 받으리라.'

그린에 대한 애정을 온몸으로 보여 줄 만반의 준비를 하고 있었는데…. 그러나 끝까지 내 이름은 불리지 않았다.

비싼 그린피, 발길 돌린 '사랑'

살아오면서 나를 '포기'하게 했던 순간들은 언제인가? 내 성적으로는 힘들었던 그 대학, 내가 다가서기에는 너무 콧대가 높았던 그 남학생…. 몹시도 원했으나 다가서기에는 너무 막강한 상대 앞에서 나는 포기와 대안을 찾았었다. 다른 학교를 택했고, 다른 남학생과 사귀었다. 그리고는 예전의 그 애틋한 바람들을 잊고 쉽게 적응해 갔다.

얼마 전 골프 선배들과 함께 20만 원까지 올라 버린 골프장에 대해 이야기를 나눈 적이 있다. 수십 년 간 골프를 치며 "골프 없인 못 살아."를 신조로 여기는 분들이었지만 그들에게도 20만 원 그린피는 충격이었나 보다. 거기에 캐디피, 만만치 않은 음식값을 더하고 나면 4명이 100만 원을 갖고 가도 턱없이 부족하다는 계산이 나왔다. 골프에 대해선 언제나 긍정적이던 그들이지만 "심하다. 이래서 어디 골프 치겠냐. 안 치고 말지."라는 말도 종종 들렸다. 심지어 한 퍼블릭 골프장을 경영하시는 분도 우려 섞인 목소리를 얹는다.

"소위 명문 골프장이라는 곳이 그렇게 가격을 띄워 놨으니 다른 골프장들도 명문이라는 타이틀을 쫓아가기 위해 가격을 올릴 거예요. 그에 편승해서 가격 올리면 돈 많이 벌고 우리야 좋지요. 하지만 그게 전부는 아닌 듯싶어요. 골퍼들의 일방적인 짝사랑을 담보로 계속 가격을 올리고 있지만……어느 한계를 넘어서면 골퍼들이 무력감에 빠지다가 결국은 외면하게 된다는 것을 알아야 해요."

현재 조금 비싼 것을 감수하고서라도 골프장을 찾았던 이들도 어느 상황에 다다르면 마음을 돌려 버리게 될 것이라는 예측이었다. 골프장을 운동 때문에 찾았던 이들은 헬스클럽이나 테니스 코트로 향할 것이고, '자연과의 교감' 때문에 찾았던 이들은 산이나 강으로 발길을 돌릴 것이다. 하지만 운동, 자연과의 교감은 대안으로 풀 수 있지만 골프가 주는 짜릿짜릿한 묘미는 어디에서 구할 수가 있을까. 마음이 심란해지는 구절이다.

나에 대한 상대의 사랑이 맹목적이리라는 것을 믿고 언제까지 콧대를 세워서는 안 된다. 아무리 애절한 사랑을 했어도 내 힘으로 버거운 상황이라 파악되면 포기하고 돌아서게 된다. 그리고 그렇게 돌아선 사람은 다시 돌아오지 않는 경우를 많이 봤다.

남자 캐디는 무뚝뚝한가?

밥은 오른손으로 먹어야 한다는 생각, 냉장고 문은 왼쪽으로 열려야 한다는 생각, 사촌이 땅을 사면 배가 아프다는 생각. 우리가 흔히 갖고 있는 고정관념이지만 탈피하면 생활이 편해진다. 왼손으로 더 편하게 밥을 먹을 수도 있고, 왼손으로 문을 열고 오른손으로 음식을 꺼낼 수 있게 냉장고 문이 오른쪽으로 열려도 좋다.

'사촌이 땅을 사면 배가 아프다' 는 속담도 바꿔 생각해야 한다는 이론이 있다. '농토를 산 사촌은 거름이 필요하다. 인분 거름을 제공하기 위해 뒷간으로 가야 하므로 배가 아픈 것이다.' 라고 생각한다면….

시기, 질투의 속담이 도움과 배려의 속담으로 바뀔 수 있다는 말이다. 인류가 고정관념에만 사로잡혀 있었다면 어떤 발전이나 진화도 없었을 것이다. 거창하게 인류를 거론하지 않고도 고정관념 때문에 손해나 불편을 겪는 경우는 골프에서도 마찬가지다. 골프장 정문 경비 아저씨가 들어오는 차량을 향해 거수경

례를 한다. 하지만 그 경례를 제대로 보며 필요성을 느끼는 골퍼는 그리 많지 않을 것이다. 차라리 그 경비 아저씨에게 사고 위험이 많은 입구 도로의 차량 수신호 일을 맡기면 어떨까.

골프장에서 고정관념은 거품과 관계되는 경우가 많다. 골프장을 출입할 때는 꼭 재킷을 걸쳐야 한다는 생각. 재킷 비용과 재킷을 챙겨 입고 구겨지지 않게 걸어 주는 시간 등에서 거품을 뺄 수 있다. 물론 티셔츠를 입고서도 재킷을 걸쳤을 때의 경건한 정신을 지킨다면 말이다.

스코어에서도 거품을 뺄 수 있다. '골프는 장타가 최고', '티잉 그라운드에서 꼭 드라이버를 잡아야 한다' 는 고정관념을 버리면 말이다. 드라이버를 잡으면 곧 OB가 난다는 것을 알지만 그 생각을 떨치지 못한다.

얼마 전 한 골프장에서 처음으로 남자 캐디와 플레이를 했다. 남자 캐디 하면 '산으로 올라간 볼은 잘 찾아 주겠지만 몹시 무뚝뚝할 것' 이라는 고정관념이 있었다. 하지만 웬걸…. 그 캐디는 내가 만난 어떤 여자 캐디보다도 상냥하고 활기찼다. 상냥함뿐 아니라 "굿 샷!"이라고 외쳐 주는 소리가 어찌나 밝고 힘차던지….

문득 고정관념을 탈피하면 골프가 훨씬 신선하고 자유로워질 수 있다는 생각이 들었다. 참, '캐디는 무조건 상냥해야 한다' 도 고정관념인가?

골프가 필기 시험으로 된다면

'사랑은 버리지 않으면 채워지지 않는 물 잔과 같다. 죽도록 사랑하지 않고 살 만큼만 사랑하면 언제나 당장 끝이 난다. 나를 버려야 그가 내게로 온다.'

가을 감수성을 자극시키는 작가 노희경 씨의 글이다. 골프도 마찬가지라는 생각이 들었다. 버리지 않으면 안 되고 빠져나갈 궁리를 하면 당장 망가지고 마는….

첫번째 파 3홀에서 더블 파로 여섯 타 만에 끝낸 나는 절망적인 스코어에서 빠져나갈 궁리를 했다. 뒷팀의 웃음소리, 그늘집을 건너뛴 굶주림 등이 핑곗거리로 떠올랐다. 그러나 두 번째 파 3홀에서도 나는 또 여섯 타 만에 끝냈다. 이번엔 꼭 파를 잡고야 말겠다는 욕심이 한껏 들어가 토핑을 내고 만 것이다. 도피할 궁리와 마음을 비우지 못해서 생긴 일이었다.

14홀 동안 2오버 파를 치며 남은 네 홀만 잘 버티면 우승이 보이는 사람이 있었다. 보기 두 개에 파 두 개만 하면 우승할 수 있다는 걸 알고부터 그는 무너지기 시작했다. 더블 파를 범하며 결국 79타로 우승에서 멀어지고 말았다. 우승을 떠나보낸 후 하는 그의 후회.

"보기 두 개만 하면 우승한다는 걸 안 순간, 한 번도 해보지 못한 이븐 파 72타를 달성하겠다는 욕심이 생겼어요. 골프는 왜 욕심을 부리면 안 되는 걸까요?"

얼마 전 대회에서 어떤 교수님과 한 조가 되었다. 입문한 지 얼마 안 되는 분이었지만 대회에서 뭔가 보여 주기 위해 그간 열심히 연습을 하셨다고 한다. 그렇지만 뜻대로 되지 않았다. '나는 연습을 많이 했으니 볼은 분명히 잘 맞을 것이다' 라는 당위성을 갖고 시작해 샷에 번번이 힘이 들어간 것이다. 끝까지 연습한 기량을 보여 주지 못한 그 교수님은 힘 빠진 목소리로 말했다.

"골프는 왜 마음먹은 대로 안 되는 거죠? 차라리 골프가 필기시험을 치러서 되는 것이었으면 좋겠어요."

평생 공부만 열심히 하면 뭐든 잘되는 분이셨는데 마음과는 반대로 가는 골프가 너무 안타까워 하신 말씀이다. 골프가 필기시험으로 치러서 되는 것이라면 우리는 룰과 기술적 레슨 외에도 얼마나 많은 과목을 공부해야 할까? 동반자 분석 심리학, 힘의 원리, 기후와 토양, 100가지 핑계와 변명법, 배반의 역사, 그리고 사랑학 개론에서 마음 비우기학까지….

골프를 하면 마음이 독해진다

며칠 전 대학로에서 사이코 드라마를 보았다. 관객 중 한 명이 무대 위로 올라가 가슴속에 맺힌 응어리를 푸는 형식이었다.

무대 위로 자청해 나간 30대 초반의 앳된 여성. 일본과 미국에서 수년 간 살다 온 그녀의 고민은 '한국이 무섭다' 였다. 2년 전, "제가 언제 액수를 그렇게 얘기했어요?"라고 소리치던 백화점 점원의 불친절한 태도, 운전을 하다 남자 운전자에게 들은 폭언 등을 또렷이 기억하며 그 때문에 불안해한다. 또 그런 일을 당할까 봐 바깥 출입도 제대로 못한다고 했다. 반박할 수도 있었지만 자신 때문에 그 사람들이 상처받을까 봐 스스로 마음의 병을 얻은 것이다.

사이코 드라마를 지켜보던 정신과 의사가 그녀에게 제시한 방법 중 이런 것이 있었다.

"골프를 해보세요. 그럼 인생이 독해지고 야물어집니다. 내가 보내고 싶은 곳에 샷을 보내겠다는 마음이 '의지' 를 만들고, 동반자를 보며 상대방을 배려하는 마음이 생기지요. 실수

한 샷에 대해 화를 내며 만회하는 법도 배울 수 있고요."

골프를 무척 좋아하는 의사의 진단이 재미있으면서도 공감되었다. 동반자의 입장을 헤아리다 보면 짜증스러울 수밖에 없었던 백화점 직원과 남자 운전자의 입장이 이해될 수 있을 것이다. 한 번도 큰소리 내 싸워 보지 않은 그녀는 치열한 플레이를 통해 강인해질 수 있을 것이다.

백화점 직원에게 갑작스럽게 당한 상황, 골프장에서는 그보다 더 난처하고 화나며 황당한 경우가 얼마든지 있다. 매너 없는 동반자 때문에 내 샷이 무너지는 경우, 뜻하지 않은 OB, 피나는 연습에도 불구하고 좀처럼 줄지 않는 스코어, 상대와 한 샷 한 샷을 겨루는 팽팽한 긴장감 등. 여자라고 깔보는 남자 운전자에 대해서는 남자보다 빛나는 샷으로 통쾌함을 맛볼 수 있을 것이다. 골프장 골짜기마다 배어 있는 절망과 희망이 그녀를 더욱 단단하게 만들어 줄 것이다.

골프를 하면 인생이 굳건해지고 야물어진다는 의미로 그녀에게 들려주고 싶은 구절이 있다. 내가 들은 건배 구호 중 가장 멋진 구호였다.

'이상은 높게, 사랑은 깊게, 골프는 독하게!'

하늘엔 하늘만 있는 게 아니듯

"물 속에는 물만 있는 것이 아니다. 하늘에는 그 하늘만 있는 것이 아니다. 그리고 내 안에는 나만이 있는 것이 아니다…."

류시화님의 '그대가 곁에 있어도 나는 그대가 그립다' 라는 시의 한 구절이다. 읽을 때마다 새로움이 묻어나는 시다. '내 안에 나만 있는 것이 아니다' 라는 구절. 한창 사랑에 빠져 있을 시기에는 상대를 떠올리며 공감했고, 종교에 민감했던 시기에는 마음속 나 이외의 존재가 신(神)이라고 생각하며 시를 음미하기도 했다. 그리고 골프가 생활의 많은 부분을 차지하게 된 요즘에 읽게 된 이 시에서 또 다른 의미를 배우고 있다.

며칠 전 '싱글' 핸디캐퍼인 여고수와의 플레이가 있었다. 프로 아닌 아마추어 여성이 70대 스코어를 유지하기 위해서는 얼마나 각별한 노력을 기울였겠는가? 연습담 하나하나가 내겐 경이로움이었다. 골프채를 잡고 5년 간 1년 365일 하루도 쉬지 않고 연습을 했다는 것, 거리상의 핸디캡을 극복하려고 매일 쇼트게임만을 위해 300개 이상의 볼을 연습했다는 것 등…. 골프를 위해 바친 그 시간과 정열이 감탄스러웠다.

그런데 그분, 너무 자신의 볼과 플레이에만 열중한 나머지 다른 많은 것을 보지 않는 듯했다. 안 그래도 고수를 만났다고 기죽어 있는 동반자들인데 따뜻한 말 한마디 건네주지 않았다. 자신이 퍼팅을 할 때는 다른 동반자들의 말소리, 움직임 하나에도 무척 민감하게 반응하며 조용히 시키거나 비키라는 모션을 취했다. 상황은 경직돼 갔다. 동반자들은 숨소리조차 죽여야 했고, 퍼팅을 하는 동안에는 꼼짝 말고 마네킹처럼 정지해 있어야 했다.

그러면 동반자가 플레이할 때도 마찬가지로 '마네킹 서비스'를 해주어야 하는 것 아닐까? 동반자가 플레이할 때 그분은 아랑곳하지 않고 분주히 움직이며 말했다. 동반자에게는 엄격하고, 자신에게는 유동적인 골퍼.

물론 내가 그분과 그리 친하지 않아서 느낀 불편함이기도 하겠지만, 왠지 그분의 골프엔 오로지 '볼' 밖에 없다는 생각이 들었다. 하늘엔 하늘만 있는 게 아니듯, 골프장에는 볼만 있는 것이 아닐진대 말이다.

지금은 내 볼 보는 것도 급급한 처지이지만 내가 그분과 같은 경지가 되면 나는 다를 것이다. 골프장의 하늘, 그 자리에 설 수 있는 내 여건의 감사함. 캐디나 동반자로 만나게 된 인연, 그 인연에 대한 고마움과 배려…. 골프 속에 있는 수많은 다른 것들을 볼 것이다.

날것, 싱싱한 것의 내음을 맡으러

골프를 두고 시아버지와 며느리, 장모와 사위가 함께 어울릴 수 있는 운동이라고 한다. 또, '에이지 슈트' 라는 것도 있다. 에이지 슈트란 골퍼가 한 라운드에 자신의 나이와 같은 스코어를 내거나 나이보다 적은 타수를 기록하는 것이다. 캐나다의 103세 노인이 103타를 친 것이 최고 기록일 만큼 골프에서 나이 상한선은 없다. 이렇듯 나이를 초월해 즐길 수 있다는 것이 골프의 큰 장점이다.

노년이 되어서도 골프에 열광할 수 있는 이유를 두고 흔히 '큰 힘 들이지 않고 기량으로 쉬엄쉬엄 할 수 있는 운동이기 때문' 이라고 이야기한다. 맞는 말이다. 하지만 그 이유만이 전부일까?

얼마 전에 들은 한 노신사의 이야기다.

"나이 든 사람들이 유독 골프를 즐기는 데는 이유가 있어요. 나이 들어 카트를 타고, 파워가 없어도 할 수 있다는 이유만으로 골프채를 잡고 있다고는 생각하지 않아요. 우리 나이가 되면 아이들이 다 자라 제 갈 길을 가고, 직장에서 하던 일도 물러나거나 너무 오래 해 더 이상 새로울 것이 없지요. 모든 것이 다 오래되고 익숙해져서 고요하고 적막한 상태예요. 그런 빛 바랠 정도로 익숙한 생활에서 신선함을 찾기는 힘들어요. 하지만 골프장은 달라요. 내가 살아 있는 것을 느껴요. 코스에 딱 들어서면 '날것, 싱싱한 것' 의 내음을 맡을 수 있거든요. 한 번도 시도해 보지 않은 샷, 한 번도 답사해 보지 않은 코스를 접하면서 말이에요. 노인들이 골프를 그토록 좋아하는 가장 큰 이유는 그 때문일 거예요."

이는 비단 노년 골퍼들에게만 해당되는 것은 아닐 것이다. 비록 지난 홀에서 더블 파를 저질러 놓았지만 다음 홀로 이동하는 보경로에서만은 새로운 기대를 하게 되지 않는가? 노신사의 이야기를 들은 후부터 나는 그 길이 특별하게 생각되었다.

'다음 홀은 어떻게 생긴 홀일까? 나는 어떤 샷을 하게 될 것인가? 내 인생의 다음에는 무엇이 펼쳐질까? 어떤 마음을 갖고 임해야 할까?'

아직 도전할 것이 남아 있음에 대한 희망으로 꿈틀대는 길. 그 18홀, 열여덟 번의 희망과 기대 때문에 우리는 비싼 그린피를 감수하면서 골프장을 찾는지 모르겠다.

'골프장에는 날것, 싱싱한 것의 내음이 있다' 에 마음으로 밑줄을 쫙 긋는다.

어디까지가 초청 골프일까

음악회 초청, 연극 초청…. 초청장을 동봉해 무료 통과의 의미가 있다.

골프에도 초청이 있다. 하지만 무료 초청장이 있는 그런 초청과는 좀 다르다.

내가 아는 한 고수 골퍼의 이야기다. 아마추어지만 혹독한 훈련으로 프로 골퍼의 경지에 달한 분이다. 주위에 소문이 나 그분의 샷을 보기 위해 이곳 저곳의 초청이 끊이질 않는다. 그분의 고민담이다.

"저는 초청 골프가 별로 달갑지 않아요. 명쾌하지 않거든요. 지난번에도 골프 초청이 있었지요. 회사 업무가 많아 시간 내기가 힘들었지만 몇 달 전부터 부탁한 것이라 거절할 수가 없었어요. 비용에 대한 부담 없이 가벼운 마음으로 갔어요. 18홀을 돌고 공짜 골프를 했다는 미안한 마음에 4명의 캐디피를 제가 냈지요. 그런데 나중에 그린피를 또 각자 부담하라는 거예요. 캐디피를 지불하고 나니 지갑 속 현금은 모자랐어요. 저음 보는 사람들에게 돈을 빌리려니 난감하더라고요."

난생 처음 보는 사람과 골프하는 것도 어찌 보면 고역이었을텐데 그런 일까지 겪게 되니 마음이 토라지신 모양이다.

초청한 사람은 한 번이지만 그분의 입장에서는 한 달에도 수 차례 그런 아리송한 경험을 하게 된다. 그 골프 초청은 골프장 부킹하기가 어려운 현실에서 골프장 부킹권을 따 내 주는 것으로 초청의 의미를 갈음한 것이다.

나 역시 그런 경험이 있다. 초청 골프라고 해서 가벼운 마음, 가벼운 주머니로 갔다가 옆 사람에게 돈을 빌려 그린피를 지불해야 했던 쑥스러운 경험. 그 일이 있은 후에는 초청 골프라는 말에 마음을 놓을 수가 없다. '캐디피는 내가 내야 할까? 만약 각자 부담이라면 지갑에 현금은 충분한가?' 하는 생각으로 18홀 동안 편치 않다.

"무기만 가져오세요. 비용 걱정은 마시고요."라든가 "비용은 각자 부담이지만 꼭 함께 치고 싶습니다."라는 명쾌함이 필요할 것이다. 매정할지 모르지만 이것이 초청된 사람이 머리 굴리지 않고 18홀을 맘껏 즐길 수 있게 하는 배려라고 생각한다.

골프, 그를 만난 후 1년

내가 그를 만난 것은 꽃 피는 봄날이었다. 사람들은 그 만남을 두고 '머리 얹는 날' 이라고 했다. 첫 만남에서 실수하지 않으려고 늑골이 저리도록 연습하기도 했다.

그리고 1년. 그와의 시간을 정리해 보고 싶다. 그와 가까워지기 위해 새벽이고 밤이고 틈나는 대로 연습했다. 하지만 부단한 노력에도 불구하고 사이는 좀처럼 줄어들지 않았다. 밀고 당기기의 달인, 참 콧대 높고 영특한 상대였다. 17번 홀까지 차갑게 외면하다가도 18번 홀에서 포기하려 하면 따뜻하게 빈틈을 보여 줬다. 가까워지는가 싶으면 멀어지고, 멀어지는가 싶으면 가까워지고…. 그와의 짧은 만남에서 세상엔 완벽한 소유와 정복이 없다는 걸 배웠다.

얼마 전엔 속상한 일도 있었다. 시사 고발 프로그램에 그가 나온 것이다. 사람들은 사치와 과소비를 이야기할 때 잊지 않고 그를 거론한다. 그가 좀 비싸게 굴기는 하지만, 그건 그의 외면에 불과하다. 방송을 보며 '저것이 전부는 아닐텐데…' 하는 생각으로 마음이 저리기도 했다. 나는 진정으로 그를 좋아하나 보다.

그에게 깨끗하게 배신당한 적도 있다. 며칠 전 그를 두고 라이벌과 결투를 벌인 날이었다. 그는 야속하게도 고작 그를 열두 번 만나러 온 다른 여인의 손을 들어 주었다. 예순 번도 더 만난 나를 두고 말이다. 오랜 정(情)도 그 앞에선 부질없다는 걸 느꼈다. 하지만 게으른 나를 탓할 뿐 그를 탓하진 않았다. 끌려 다니는 사람의 일반적인 증상이다.

지난 1년 간 무수히 당하면서 그를 떨쳐 버릴까도 생각했었다. 하지만 어쩌다 잘 맞은 '한 방의 추억' 이 나를 묶어 두곤 했다. 그때 나던 경쾌한 소리가 귓전에 울렸고, 그 촉감 때문에 손이 가려워졌기 때문이다.

번번이 실망하기도 했지만 결론적으로 그는 좋은 상대다. 그가 머무르는 풍경에는 신선한 바람과 상쾌한 풀 내음을 동반했고, 나태해질 수 있는 생활에 '타수를 줄여야 한다' 는 탱탱한 긴장감을 주지 않았던가.

지금 이렇게 감상적으로 그를 떠올리는 건 겨울이 다가왔기 때문이다. 너무 찬바람이 불면 그를 만나러 가기 힘들다. 사람들은 '납회(納會)' 를 한 후 겨울 동안 그를 멀리한다.

이 긴 겨울을 어떻게 보내야 할지 난감하고 가슴이 휑해진다. 어느 연습장 한 구석에서 봄날의 재회를 기다려야 하나 보다.

스코어까지 '접대' 받아서야…

'접대 골프' 라는 것이 있다. 이해 관계에 있는 사람들이 계약이나 업무상의 친밀감을 형성하기 위해 갖는 자리다.

얼마 전 그 접대 골프에 게스트로 다녀온 분의 이야기다. 큰 기업의 이사가 대접받는 자리였다. 이사는 "내 돈 주고 나무티(tee) 한번 사 본 적이 없다."고 말할 정도로 접대 골프에 익숙한 사람이었다.

이사는 티 샷이 잘못 맞아 채 10m도 구르지 못하자 캐디에게 볼을 주워 오라고 시킨다. 10m 이상 나가지 않으면 다시 치는 것이라며…. 볼이 산 중턱에 걸리면 캐디에게 갖고 내려오게 해 페어웨이에 갖다 놓고 친다. 볼이 벙커로 들어가면 치기 좋게 앞부분 모래를 걷어내고 친다. 그렇게 치니 볼이 벙커를 빠져나올 수밖에….

접대를 하는 사람들이야 생계가 달린 일이니 꾹꾹 참고 있지만 게스트로 참가한 그분은 난생 처음 보는 희한한 골프에 속이 끓어올랐다. 그린에서 남은 거리가 길건 짧건, 원 퍼팅

후 퍼팅은 무조건 스스로 기브(give)! 그러고는 돈을 땄다고 좋아하니….

인내심의 한계에 달한 게스트가 폭발했다.

"이사님, 지금 뭐 하셨죠?"

산에서 볼을 내려놓고, 벙커에서 라이(lie)를 고친 이사는 자신 있게 말한다.

"보기요."

투 온시키고 4m 정도의 거리에 볼을 떨구어 놓은 게스트, 볼을 휙 집어 저벅저벅 걸어가 홀 안에 집어넣는다. "그럼 나는 버디요. 이사님이 그렇게 쳐서 보기를 했으면 나는 이글쯤 했어야 하는데…. 그냥 버디로 하죠."라며. 접대 골프에 스코어까지 접대받으려던 이사, 무언가 크게 느꼈으리라.

요즘 들어 부쩍 접대 골프가 많이 생겼다. 접대하는 사람도, 접대받는 사람도 몸 상하지 않으니 술 접대보다는 낫다는 것이 그 이유다. 하지만 몸 상하지 말자고 술에서 골프로 선회한 접대인데 몸보다 더한 '마음'이 병들게 하는 골프라면? 차라리 하루 지나면 속 풀리는 술이 낫지 않을까.

초보 골퍼의 새해 소망

새해 아침에 10년 전의 일기를 꺼내어 보았다. 새벽 5시에 일어나 도서관에 가는 것이 고달프다는 이야기, 시험에 대한 스트레스가 얼마나 대단했던지 시험 전날 일기에는 '내일 서울 시내에 호랑이 1,000마리가 풀어진다면 시험을 안 봐도 되겠지?' 라는 위험하고 우스꽝스러운 상상까지 했었다. 타의에 의해 억지로 움직였던 시절의 일기다.

올해도 그때와 마찬가지로 새해 계획을 짰다. 부모님께 더 잘해 드리기, 다이어트 하기, 저축 얼마 하기 등. 10년 전과 크게 다르지 않다. 거기에 한 가지 추가된 것이 있다. 가장 첫번째 줄에 쓴 올해 목표 No.1은 '골프 잘 치는 여자가 되자' 였다. 지난해에 골프로부터 받은 스트레스가 대단했기 때문이다. 한 해가 꼬박 지나도록 줄지 않는 스코어의 파장은 골프에만 그치지 않았다. 자신감의 문제였다. 골프가 뜻대로 되지 않으니 다른 일에도 의기소침한 적이 더러 있었다.

나는 한 여류명사의 이야기를 모델로 삼기로 했다. 그분은 몇 달 전 TV에 나와 자신의 성공담을 이야기했다. 60분 동안 무척 많은 이야기를 했지만 내가 기억하고 있는 것은 딱 한 구절이다. 새벽 5시면 어김없이 일어나 회사 근처 골프 연습장으로 향했다는 이야기. 프로 골퍼도 아닌 그녀가 어디 골프 하나 때문에 새벽에 그 일을 했겠는가? 아무도 없는 연습장에 불을 켜고 들어가 볼을 날리면 남들보다 먼저 깨어 뭔가를 한다는 뿌듯함과 자신감이 생기기 때문이었다고 한다. 그런 남다른 오기가 그녀의 성공을 불렀을 것이라는 생각이 든다.

10년 전, 독기를 품고 하던 시험 공부의 10분의 1의 노력만 골프에 쏟아도 골프는 될 것 같다. 비록 호랑이를 풀고 싶을 만큼의 스트레스는 없지만, 자의에 의해 해야 하는 것이라 더 힘들지도 모른다. 골프를 잘하지 못한다고 탓할 사람은 없지만, 그 작은 볼 하나 내 뜻대로 하지 못하면 무슨 일인들 제대로 할 수 있겠느냐는 생각이다. '잘 치는 골퍼' 로서만 끝나는 게 아니다. 뭐든 '잘하는 사람' 이 될 수 있을 것 같다. 잘 치는 골퍼, 잘하는 사람이 어디 스코어나 결과로만 따져지겠는가?

도움을 주는 캐디에게 감사하듯 도움을 주는 모든 이에게 감사하기, 골프를 할 수 있는 내 여건에 감사하듯 일할 수 있는 직장과 여건에 감사하기, 함께 해주는 동반자에게 감사하듯 함께 밥 먹어 주고 이야기 나눠 주는 직장 동료에게 감사하기…. 올해 초보 골퍼가 골프를 통해 이루고 싶은 것들이다.

겨울 골프는 고문인가?

몹시 추운 날, 네 명의 남자와 한 명의 여자가 만나 겨울 골프를 이야기하고 있었다.

"요즘 골프 치기 싫으시죠?"

"그럼. 아무리 골프가 좋아도 그렇지, 이렇게 추운데 무슨 골프!"

"극기 훈련할 일 있어요? 이런 날 골프 치게."

"얼어붙은 땅에서 뒤땅이라도 치는 날에는 관절 상한다고요."

봄, 여름, 가을에는 이틀이 멀다 하고 골프 치러 다니던 골프광들인데 갖가지 이유로 겨울 골프의 나쁜 점에 대해 열거한다. 추위 앞에서 약해지는 뭇 골퍼들의 의견이다.

그때 '고수' 한 분이 합석했다. 보통 고수가 아니다. 1년에 400회 라운드, 총 3,000번의 라운드를 한 기록을 갖고 있는 분이다. 역시 진정한 고수는 생각도 달랐다.

"겨울 골프에는 다른 계절에 맛볼 수 없는 재미가 있습니다. 내 의지대로 치는 골프를 할 수가 있지요. 보통 사람들은 땅이 얼어서 볼이 어디로 튈지 모른다고 생각하지만, 반대로 생각해 보세요. 저는 티잉 그라운드에서 생각합니다. '땅이 이만큼 얼어 있으니 볼을 어느 방향으로 보내면 얼마만큼 굴러갈 것이다.' 라고. 그걸 미리 계산하며 칠 수 있거든요. 그리고 내 예측이 딱딱 맞아떨어졌을 때의 쾌감은 정말 대단합니다. 그러니 코스를 전략적으로 분석할 수 있는 눈이 생기지요."

뭇 골퍼들은 겨울 골프를 꺼린다. 새벽 칼바람과 싸워야 하는 것은 대단한 인내심이 필요하기 때문이다. 하지만 겨울 골프 예찬론자의 또 다른 의견도 있다.

"저는 겨울 골프야말로 동반자끼리 우의를 다질 수 있는 절호의 찬스라고 생각해요. 새벽 칼바람을 좋아할 사람은 아무도 없기에 라운드 제의에 따르는 사람이야말로 진정한 친구죠. 제가 겨울 골프를 좋아하는 이유는 또 따라오는 뒷팀이 없어 여유롭기 때문이에요. 거기에다가 스코어에 연연하지 않아도 되니 그만큼 동반자에 대한 배려와 아량을 더 베풀 수도 있지 않아요?"

귀기울일 만한 내용이다. 앞서 말한 고수께서 한말씀 더 곁들였다. 천하의 그가 요즘 집중적으로 레슨을 받고 있다는 것이다. 더 이상 뭘 배울 게 있다고….

그 고수의 겨울 골프 예찬과 레슨 이야기에, 잔뜩 움츠러들어 '겨울 골프는 고문' 이라고 입을 모으던 네 명의 남자와 한 명의 여자, 할 말을 잃고 묵묵히 밥만 먹었다.

내가 만약 골프장을 만든다면

일요일 새벽, 집을 빠져나오는 사람들. 가족들이 잠을 깰까 봐 고양이 걸음이다. 세수도 고양이 세수, 행여 아내가 깰까 봐 옷장 문을 열고 닫는 데도 식은땀이 흐른다. 하물며 챙겨주는 아침 식사를 먹고 오기는 웬만큼 간이 크지 않고서는 힘들다.

몰래 들어간 밤손님이라 할지라도 이렇게 조심스럽지는 않을 것이다. 모처럼 맞는 휴일, 가족들을 팽개치고 나와야 한다는 미안함 때문이다. 클럽 하우스에 모여서는 얼마나 조심스럽게 집을 빠져나왔는지 무용담들을 펼치곤 한다.

그렇게 간 골프장에서 마음인들 편할까? 볼이 잘 맞아 즐겁다 하더라도 마음 한쪽에는 집에 두고 온 가족들에 대한 미안함이 싸하게 밀려든다. 가족들과 함께하지 않았다는 미안함도 있지만, 그 좋은 골프장을 나 혼자 누리고 있다는 미안함 때문이기도 하다.

골프장, 혼자 즐기기에는 너무 아까운 곳이다. 사랑하는 사람과 가족들에게도 그곳을 보여 주고 싶은데, 그들에게 골프를 배우라고 말하는 것 외에는 방법이 없다.

만약 나보고 골프장을 만들라고 한다면 나는 이왕 만드는 것, 한 홀 추가해 19홀을 만들겠다. 그 19홀은 골프를 치는 곳은 아니다. 하지만 다른 홀과 똑같이 벙커도 있고, 잔디도 있고, 호숫가도 있다. 집에서 버젓하게 같은 차로 출발한 가족들이 그곳에 도착한다. 골퍼는 골프장으로 향하고, 가족들은 이 19홀로 향한다. 벙커에선 아이들이 모래 장난을 칠 수 있으며, 잔디에선 아내와 딸들이 일광욕을 즐기고 도시락을 준비할 수도 있다. 함께 온 동반자의 가족끼리 편을 짜 공놀이나 카드놀이를 하기도 한다. 워터 해저드에서는 연로하신 부모님이 낚시를 즐길 수 있다.

골퍼의 가족들에게도 골프장의 내음과 풍경을 느끼게 할 수 있는 코스가 있었으면 한다. '골프장 한 홀을 더 조성하는데 얼마나 많은 돈이 드는지 몰라서 하는 소리' 라고 말할지 모른다. 하지만 그 좋다는 골프장 구경을 평생 한 번도 못 해 보는 사람이 너무도 많다.

공원 귀퉁이 한 평의 잔디에도 환호하는 가족들. 그들에게 골프장의 넓은 초원을 보여 주면 너무 좋아 기절할지도 모른다.

기름기 쫙 뺀 대만의 골프장

얼마 전 대만에 다녀왔다. 그곳에서 골프를 할 기회가 있었다. 그런데 우리 팀이 만난 것은 할아버지 캐디였다. 젊은 아가씨 캐디에 익숙해진 나는 할아버지 캐디가 당혹스러웠다.

'어떻게 연세 드신 분께 보조를 해 달라고 말할 수 있을까? 젊은 사람의 골프 보조를 하는 것에 대해 불편하게 생각하시진 않을까? 캐디를 바꿔 달라고 그래 볼까?'

불편한 마음을 안고 플레이는 시작되었다. 그러나 불과 몇 홀 지나지 않아 나의 걱정들이 괜한 것임을 느낄 수 있었다. 20여 년간 그 골프장에서 일했다는 할아버지는 코스를 속속들이 알고 계셨고, 마치 손녀딸 대하듯 마음 편하게 해주셨다. 동선(動線)에서 카트를 세울 줄 아셨으며, 뒷팀과 요령껏 순서를 바꾸는 방법도 아셨다. 관록이 묻어났다.

그린에서는 몇 번이나 컵 안에 들어갈 때까지 퍼팅 연습을 할 수 있도록 배려해 주셨다. 마치 코스가 그분의 집 앞마당인 양 휘파람을 불며 안내하셨다. '내가 이 나이에 어떻게 젊은 사람의 보조를 해?' 라고 생각했으면 그분의 휘파람 소리는 들을 수 없었을 것이다. 젊은 캐디에 익숙한 나에게 할아버지 캐디의 그런 모습은 신선한 충격이었다.

대만 골프장에서 느낀 점은 또 있다. 한국에서는 7,000원 정도 할 음식 값이 800원 정도면 해결됐다. 비용을 아끼려고 밖에서 음료수를 사 가지고 간 내가 무색할 지경이었다.

그곳에는 너무 많아서 다 이용하지도 못할 냉탕, 온탕, 버블탕, 사우나실은 없었다. 화장품도 즐비하게 놓여 있지 않았다. 하지만 꼭 있어야 할 샤워 꼭지와 샴푸를 구비했다.

그늘집과 클럽 하우스의 인테리어는 화려하지 않았다. 대신 음식 값은 합리적이었다. 값비싼 나무와 근사한 바위로 된 조경은 아니었지만, 원래 야산의 나무가 자라 훌륭한 그늘을 만들어 주고 있었다. 서비스 정신이 투철하다면 젊은 아가씨도, 할아버지도 캐디를 할 수 있었다.

대만의 골프장에서 받은 느낌은 뭐랄까…다 먹지도 못할, 상다리 휘어지는 수랏상이 아니라 딱 필요한 만큼의 국수 한 사발을 먹은 기분이었다. 기름기를 쫙 뺀 골프장은 더없이 담백했다.

나를 위해 한나절을 바쳐 주는 사람

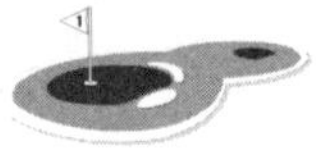

캐나다에 계신 어느 분이 자신의 골프 친구에 대한 글을 보내왔다. 그분에게는 골프장 상습 지각생인 골프 친구가 있다고 한다. 그 친구가 캐나다를 떠나게 되어 송별 골프를 했는데 그날도 어김없이 지각, 동반자들을 화나게 했다.

골프 약속에 번번이 늦어 여러 번 친구들 앞에서 공개 재판도 하고 퇴출 경고도 했건만 고쳐지지 않던 친구. 골프 약속 때마다 모두를 불안에 떨게 하고 때로는 정말 화나게 했던 그 친구가 떠나는 날, 당연히 시원해야 할텐데…. 마냥 아쉽고 섭섭한 마음뿐이었다고 한다. 그러면서 친구가 그렇게 늦었던 것은 양로원 봉사 활동, 불우 가정 돕기 모금 등 남을 위한 시간에 늘 쫓겼기 때문일 것이라고 이해하게 되었다고 한다.

마지막 인사를 하면서 다시 돌아온다면 티 오프 시간에 늦어도 오케이라고, 첫 홀은 무조건 멀리건을 주겠노라고, 언제든지 다시 돌아오라는 당부를 했다고 한다. 골프장에 있을 때는 긴장감과 치열함으로 미처 느끼지 못했던 우정이 마지막 순간에 깊게 정리된 것이다.

내가 아는 또 다른 한 분은 자신이 추구하는 노년의 행복에 대해서 이렇게 이야기하곤 한다.

"내 기준에서 가장 큰 행복은 다른 게 아니에요. 그저 지금 있는 골프 친구들이 그때까지 별 탈 없이 잘 살아서 언제든 골프 칠 수 있는 한 팀이 꾸려진다면 그게 가장 큰 행복일 것 같아요."

요즘처럼 바쁜 세상, 나와 함께 두세 시간 정도의 시간을 보내는 사람 만나기도 점점 힘들어지고 있다. 하물며 한나절을 바치는 골프 친구라면…. 매너가 좋고 나쁨을 떠나 골프 친구들이 기울여 준 그 시간과 정성들을 소중하게 생각해야겠다.

겨우내 두세 달 동안 골프를 치지 못했더니 '골프 고파 죽겠다' 는 분들이 많다. 골프를 하고 싶은 인내심에 한계가 왔다고도 한다. 문득 이런 생각이 들었다.

'그들이 두세 달 동안 정말 고프고 그리운 것은 골프가 아니라, 함께했던 골프 친구들이 아닐까?'

첫사랑과 너무나 닮은 골프

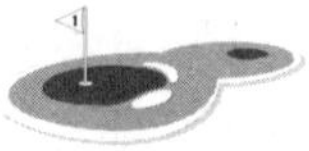

이루지 못한 것에 대한 슬픔, 잡힐 듯 잡히지 않는 스코어에의 집착. 골프는 '첫사랑' 과 참 많이도 닮았다. 어제 모임에서 누군가 이야기를 꺼냈다.

"첫사랑은 골프와 비슷하지요?"

물음이 끝나기가 무섭게 첫사랑에 가슴을 데어 본 이들이 그 비슷한 점을 나열하기 시작했다.

첫 홀, OB를 각오해야 한다…이루어진 첫사랑이 얼마나 되던가? 대부분 빗나가는 그것처럼 골프도 마찬가지다. 첫 홀의 OB나 미스 샷이 필수 선택 사항이듯.

찰나의 아름다움에 매료되는 경우가 많다…첫사랑은 대부분 첫눈에, 한순간에 매료되어 버리고 만다. 골프도 찰나의 아름다움이다. 0.3초도 되지 않는 임팩트 순간에 골퍼의 눈과 귀와 손은 전율을 느끼며 마비되지 않던가?

잘하고 싶은 마음이 강할수록 너무 긴장된다…잘하려고 마음먹을수록 손 떨리고 말실수하던 첫사랑처럼 골프도 그렇다. 잘

하려고 할수록 어깨에 힘이 잔뜩 들어가는 바람에 헛스윙을 하거나 다 잡은 버디를 놓치곤 한다. 내가 왜 이런 형편없는 실수를 했나, 금세 후회하지만 이미 쏘아 버린 화살이 되어 있을 뿐이다.

돌아서겠다는 결심이 오래 가질 못한다…가슴에 비수를 꽂는 상대. 두 번 다시 찾지 않겠다고 마음먹었다가도 한 번만 다정한 시선을 받으면 쉽게 맹세가 무너져 버린다. 골프도 그렇다. 18홀이 다 끝나도록, 연습 시간이 다 되도록 제대로 말을 듣지 않는 볼, '내가 왜 이 많은 돈과 시간을 투자하며 이 고생을 해야 하나? 관두고 만다' 는 생각이 절로 든다. 그러나 마지막 순간 '차라한 한 방' 을 날리며 돌아서려는 마음을 붙잡아 둔 게 한두 번이던가.

한번 시작하면 죽을 때까지 잊지 못한다…이 부분은 공감하기 힘들었다. 첫사랑은 죽을 때까지 잊지 못한다는 건 알고 있었지만 골프도 그럴까 싶었다. 하지만 골프를 무척 잘 치는 최고수가 힘주어 주장한 바였으므로 하수들은 고개를 끄덕여야 했다.

마지막으로 일행은 입을 모았다. 그래도 첫사랑보다는 골프가 희망적인 이유…'사랑은 아무리 연습을 해도 별로 나아지지 않지만, 골프는 그래도 연습하면 할수록 나아진다'는 점이다.

어느 일본인 골퍼

캐나다에 있는 한 선배가 메일로 이야기를 보내 주었다. 그 선배는 한국 친구와 둘이서 퍼블릭 골프장에 갔다가 일본인 관광객 두 명과 함께 라운드를 하게 되었다고 한다. 서로 파와 보기를 주거니 받거니 하며 네 사람은 비슷한 실력으로 출발했다.

그러나 홀이 진행돼 가면서 이상한 감정이 생기기 시작했다. 팽팽한 스코어 탓인지 일본인에 대한 습관적 경쟁심인지 모르지만, 일본인들의 티 샷이 더 길게 나가면 한치라도 더 멀리 보내려고 안간힘을 쓰게 되고, 그들이 퍼팅을 놓칠라치면 서로 눈웃음을 주고받고….

그렇게 감정이 고조되며 9홀쯤 되자 분위기는 마치 국가 대항전격인 '라이더 컵'을 방불케 했다고 한다. 선배 팀은 죽기 살기로 이겨야겠다는 생각뿐이어서 자신들이 장타를 날리면 '구웃 샷!' 하며 소리를 지르고, 그린에 올라서면 퍼팅 라인도 서로 봐 주면서….

그러다가 어느 순간, 팽팽한 긴장감이 갑자기 깨지기 시작했단다. 일본인 중 한 사람이 턱없이 무너지기 시작한 것이다. 결국 그날의 라이더 컵은 선배조가 대승을 거두며 끝났고, 작별인사를 하려고 하는데 일본인들이 커피를 대접하겠다고 했단다. 커피를 마시면서 그들의 신변에 관한 이야기를 듣게 되었다.

어릴 때부터 한 동네에서 자란 친구, 한때는 아마추어 대회에 나갈 정도로 쟁쟁한 실력이었다고 했다. 무너진 그 사나이가 대회에 나갔던 실력이라는 게 믿어지지 않아 핸디캡이 얼마냐고 넌지시 물었더니 그는 씁쓸한 표정으로 말했다고 한다.

"예전엔 비슷했는데, 제가 병 때문에 이젠 잘 못 쳐요."

선배조는 그제서야 후반에 갑자기 무너진 이유가 기력이 떨어졌기 때문이라는 것을 알았다고 한다. 친구는 불치의 병을 앓고 있는 사나이가 더 이상 걸을 수 없기 전에 오랜 소원이던 골프 여행을 한 게임이라도 더 해주고 싶어 함께 떠나온 것이다. 순간 선배는 좀더 다정하게 멀리건도 주고 기브 퍼팅도 줄 것을 하는 회한에 휩싸였다고 한다.

선배는 마지막으로 이 문장을 곁들였다.

"철이 든다는 것은 부끄러움이 쌓여 가는 과정이라고 생각해요. 골프도 마찬가지지요."

이 편지를 읽고 선배를 달래 주고 싶었다. 그 일본인은 인심 후한 골프를 바라지 않았을 것이라고. '골프에는 샷 이상의 무엇이 있다'는 진리를 다시 한번 깨달았다.